了不起的匠人

匠人

知了青年　黄乔——编著

湖南文艺出版社　博集天卷
HUNAN LITERATURE AND ART PUBLISHING HOUSE　CS-BOOKY

了不起的匠人

序

一

中国自古以来是一个匠人的国度。

早在人类原始时期，古代先民发明了石斧、石锛、石凿、石刀、锯齿刀等原始生产工具。《周易·系辞下》记载："神农氏作，斫木为耜，揉木为耒，耒耜之利，以教天下，盖取诸益。"

人类有了生产工具，便开始筑构自己的栖身之所。战国思想家韩非在著作《韩非子·五蠹》中写道："上古之世……有圣人作，构木为巢，以避群害，而民悦之……"

从原始部落的人类穴居方式，到土木混合结构的房屋，勤劳智慧的先民凭着自己的双手，打造出方便使用的器物，装点着五光十色的生活。出色的匠人由此应运而生。成书于先秦时期的古籍《周礼·冬官·考工记》记载："国有六职，百工与居一焉。或坐而论道；或作而行之；或审曲面势，以饬五材，以辨民器……"

又曰："知者创物，巧者述之守之，世谓之工。百工之事，皆圣人之作也。

烁金以为刃，凝土以为器。作车以行陆，作舟以行水，此皆圣人之所作也。"

通观《周礼·冬官·考工记》全文，大国工匠古来就有严格的组织、管理和分工，生产操作上也有明确的规范、制度和标准。如果说《周礼·冬官·考工记》所记载的仅指官府手工业，那么可以想象，还有更多散布乡间僻壤的民间手工作坊，他们都是一群典籍不载、史家不录的无名工匠。若是将官方的、民间的工匠汇集在一起，构成泱泱古国的工匠之群，该是一个多么浩大的工匠国度啊！正是这个浩如烟海的工匠群体，他们面壁躬身、苦心孤诣地厮守着自己的活计，不求代价、默默无闻，以自己毕生的精力与心血，点燃了华夏文明的不灭灯火，烛照着人类前行的坎坷路程。千百年来，从匠人们手中创造的无数美轮美奂的器物，以其独具魅力的东方美学意蕴，弥足珍贵，可以毫不逊色地立于世界文化之林。

二

还是 20 世纪 80 年代，由于在出版社编辑民间美术图书，我开始接触到全国各地的民间匠人。最早的一位当属邵阳滩头木版年画的刻版匠人高福男，其时，他蜗居于小镇路边一间狭小的工作间里，在我叹服他"陡刀立线"的精湛技艺的同时，我也深深感到老人于风烛残烛年度日的艰辛。每去一次滩头，都会听到一位年画艺人去世的消息，高福男、刘宝南、钟海仙、高腊梅等著名艺人相继离世，滩头木版年画的技艺正在由他们的后辈顽强地传承下来。

近 30 年来，我先后主编了《湖南民间美术全集》、"绝活儿"丛书、"乡土艺术大师"丛书等民间艺术图书，走遍了黄河流域和长江流域许多省份的乡村与山寨，寻访了国内顶尖的民间艺术匠人，如旬邑剪花娘子库淑兰，潍坊年画王杨洛书，华县皮影大师潘京乐、汪天稳，凤凰染布匠刘大炮，纸扎匠聂胡子，泸溪凿花匠黄靠天，苏绣女传人姚惠芬等。他们集淳朴、勤劳、智慧、坚韧于一身，以"一辈子专注一件事"的执着精神，将自己手中的绝活儿奉献于社会。

这些可亲可敬的民间乡土大师，有的成了我常来常往的朋友，我们之间或书信来往，或互赠问候。当然，也会不断听到他们的各种消息：如库淑兰、刘大炮、聂胡子、潘京乐等老人去世了，让我悲从中来，伤心不已；而有的艺人则在坚守和创造，不断传来好消息，如汪天稳和姚惠芬今年参加了"威尼斯双年展"，与世界级当代艺术家比肩，在国际舞台上展示中国的皮影与苏绣艺术，令我欢欣鼓舞！

这些年来，有我崇敬的民间艺术大师和他们的作品为伴，不仅丰富了我们民间艺术图书的出版资源，同时也给予我丰富而不绝的文化养料的滋润，它抚育着我的心魄，净化了我的灵魂，成为我艺术创造的精神动力和思想源泉。

三

本世纪以来，国际性的非物质文化遗产保护，已成为举国上下全民达成共识的自觉行为。人们意识到，当工业化带来的喧哗和商业化伴随的拜金主义困扰着我们时，我们多么需要放慢脚步，回眸故乡与童年，从创造了人类文明财富的民间匠人身上，吸取他们的优秀品德，弘扬"工匠精神"，为民族与社会做出自己的贡献。

"知了青年"聚集着一群有文化、有理想、有抱负的年轻人，他们以"东方文化探索者"为己任，用互联网的思维，旨在让当代青年了解自己的国家、民族与文化。他们以亚洲为视野，选取了中国大陆、中国台湾和日本的杰出民间艺人及他们的作品，于 2016 年在上海 McaM 明当代美术馆举办"知了万物·了不起的匠人"亚洲手作展,展出作品有旗袍、古琴、团扇、唐卡、柴烧茶罐等。他们重现当下年轻一辈对视听语言的需求,从小视角入手替代长篇叙事,通过网络平台展示"至尊匠人"的"绝美器物",并希望所选取的器物与人们的生活休戚相关,能做到物尽其用。他们相信,好的器物有着独立的灵魂,它会透过实体本身,向你叙说它所蕴藏的、主张坚持的人生。

2016年,优酷和知了青年联合推出了介绍匠人的微纪录片,今年,"知了青年"又以"了不起的匠人"为题出版图书。不同的是,图书把"至尊匠人"请到了前台,他们是牦牛绒编织开创者、高原女神益西德成,唐卡家族的继承者旦增平措,手工团扇匠人李晶,景德镇陶瓷匠人董全斌,台湾苗栗柴烧匠人田承泰,微缩模型匠人黎炽明,烟斗匠人陈灿聪等。这些匠人中,有的去年在上海展示了他们的作品,有的则是刚刚推出的"新人"。本书采用纪实文学的手法,描述每一位匠人的"艺术人生",让读者从他们的坎坷人生和从艺生涯中,领悟匠人艰辛的成长经历和器物的不凡磨砺过程,从中获得丰富的民间智慧和锲而不舍的革新精神。

新近出版的《匠人精神》一书的序言中有一句话:"培养一流人品和'匠人精神'的根本下手处,正是中国古圣先贤的'绝活儿';圣人之治,孝悌而已矣。真是大道至简。"(梁正中语)

啊!了不起的匠人,功炳千秋的匠人精神。

左汉中

(中国工艺美术学会民间美术专业委员会学术委员会主任)

2017 年 6 月 12 日

第一章 / 001

直通巴黎的高原女神

——益西德成

22岁以前，她是一名标准的纽约女孩儿，人生却因为一场寻根之旅被割裂开来。古老的草原，古老的牧歌，而她是新的。

不是普世，不是公益，只是让每个人都有凭手艺过得更好的权利。

从粗犷牦牛到轻柔围巾很难，对于一些不理解，她都只是笑笑，说："高原就是我的家。"

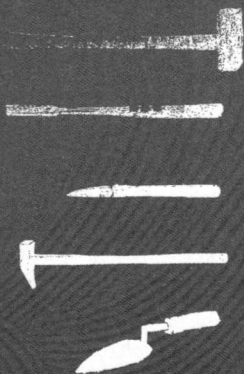

唐卡世家新势力

——唐卡家族的继承者旦增平措

他，是卡朵家族百年唐卡艺术的继承人。

自出生起就注定了与画结缘。从能熟练拿起画笔的那天起，就再也无法轻易放下。在他父亲的眼中，画画是他的天赋，更是他未来修行的方向。

了不起的匠人

浪人大叔的漆器魂
——轮岛涂漆器匠人坂本雅彦

从新石器时代开始，自唐代而衰的漆器工艺，经历了由日常而入殿堂，盛极而遭禁的历史。东渡日本，它被发扬光大，至今活跃在日本国内的日常生活和各类庆典中。
轮岛涂，是日本漆器技艺中最华美精致的一个流派，经过600年历史的发展，不断改良，拥有独特的工序细分流程，以确保每一环节的精益求精。
坂本雅彦，专职漆器涂刷工序。他用一生的工作，将涂漆技艺推向极致。

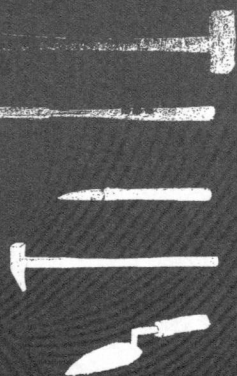

团扇狂人的碎碎念

——手工团扇匠人李晶

团扇起源于何时已不得而知，但至少在汉代就已经存在。西汉才女班婕妤就曾作诗云："新裂齐纨素，皎洁如霜雪。裁作合欢扇，团团似明月。"中国人喜欢以圆形象征团圆，人们因此又把此种扇称为"团扇"，大意是以丝织品制成的凉扇，形状如同一轮皎洁的满月。

第五章 / 087

修复残缺的神奇魔法
——中国金缮第一人邓彬

金缮，从字面上来说就是以金修缮，用天然的大漆黏合瓷器的碎片或填充缺口，再将漆的表面敷以金粉或者贴上金箔。器物的伤口上像是熔了些许的金子，有缺陷的部分被冒出，但并不突兀，甚至还会为原先的器物增色不少。它是日本的传统手工艺，我们发现它却是在无锡，对并非无锡人的邓彬来说，似乎这个有着浓厚江南文化底蕴的地方，更适合于这门手艺的精益求精，也更适合他其他手艺的自由生长。

5

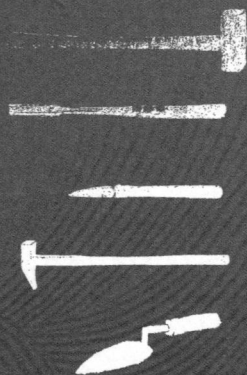

锡伯古弓的铁血与柔情
——角弓匠人伊春光

战时，弓箭是防身之器，若战死沙场，弓箭定要随着勇士一齐入棺材。现时，弓箭则成了匠人的谋生之道，六材四季，不分昼夜寒暑。

仍坚持用真材实料做角弓的锡伯族人伊春光，将弓箭喻为贯穿民族、朝代和国家的生命线。

七旬迟暮人，忠心化气，匠心作魂。命陷沧桑里，弓从茧中生。

了不起的匠人

逃离北上广，遇见景德镇
——景德镇陶瓷匠人董全斌

他说：器由心生，如镜子般，器之形真实地反映着人的内心。

很庆幸做了瓷器，这个行当算是为数不多的可以保留独立人格的行当，不必巴结什么势力，因为其所具的实用性，只要不贪心，凭手艺吃一口饱饭，做一城一池之主，在这不独立的世界里竟可成真，万幸万幸。人生只有一次，何必趋同。

7

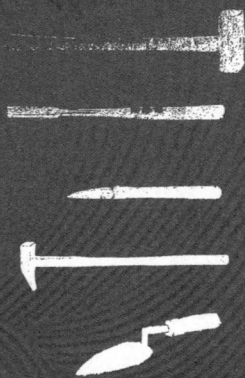

与火对赌的柴烧狂徒

——苗栗柴烧匠人田承泰

在台湾苗栗南庄的深山里，有一位烧陶人，30年前，他是一个柴烧的门外汉，现在，他是台湾柴烧第一人。几十年无数个不眠不休的烧窑中，他用泥巴与火博弈，用火的热度赋予陶生命，用不平整的触感让人与土第一次联系起来，飞舞的火痕记录着他与火神博弈的历程。你以为他赌的是他的茶碗，其实他赌的，是他的人生。

了不起的匠人

京城铁匠，斯文硬汉
——铁器匠人蔡德全

世上有三苦：撑船、打铁、卖豆腐。

生于1968年的蔡德全以前从没有接触过"打铁"，当年仅有25岁的他只身从云南临沧来到北京成为一个"北漂"，投身绘画行当十几年，却突然放弃了绘画事业，抛下伴随自己20多年的画笔，拿起大锤小锤，在京郊开了一个小小的铁匠铺，成了一位新时代的铁匠，开始了他"日出而作，日落而息"的铁匠生活。

9

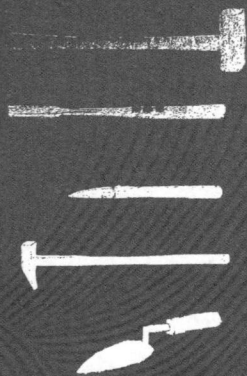

微缩港岛的旧时光
——微缩模型匠人黎炽明

快节奏的生活被放置在显微镜下，一切都在被放大的时候，唯有一人，试图将自己从中抽离出来，俯视整座城市，并将其压缩成一个汇集了多种旋律的音乐盒。

他是黎炽明，在香港待了半个世纪的微缩模型匠人。他用微缩的方法，努力保留住了瞬息万变的城市和香港市民的集体回忆。

了不起的匠人

东源村的木活字修谱师
——木活字印刷匠人王超辉

家谱，是一个距离现代生活越来越远的词，但是仍然有人在坚守着修谱师的职业，拣字块、排版、修家谱，这就是王超辉大半辈子的生活状态，在铅字印刷和电子排版的时代，他亲手在书页里留下墨香。

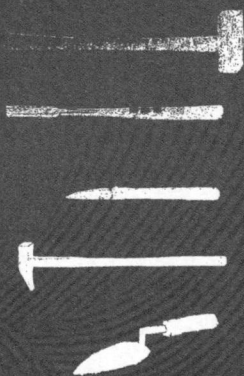

烟斗"老炮儿"雷州陈

——烟斗匠人陈灿聪

他凭借一己之力，把烟斗的手艺做到国际级一流水准，将"雷州"与"烟斗"画上了约等号，甚至将烟斗带入高校的课堂。

对故乡抱有责任，对艺术抱有坚守。以烟斗为媒介，表达唯一的自己。

烟斗的世界里，他想做的多，能做的更多。

了不起的匠人

第十三章 / 257

"天目"独行者
——"天目盏"匠人江有庭

"天目盏"是一种茶器，古时候一只顶级的"天目盏"可以换一座城池，这足可见它的珍贵。是什么样的才华，可以把5块钱的陶土烧制成价值翻了1万多倍的茶碗？又是什么样的功夫可以让它穿越唐宋，突破"天目盏"千年黑褐的单一色，烧制出璀璨的碗底星空？

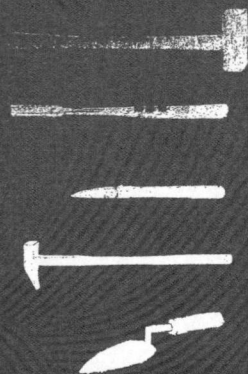

一个人的木勺世界
——木勺匠人黄强

在人与自然的关系上，西方对自然是一种征服的态度。他们拿到一块木头就开始想要做什么造型，拿什么工艺去做；而在东方美学里，人与自然是一种亲密的关系，设计理念中更多强调的是尊重自然，顺应自然天性。所以中国匠人的有些作品，乍一看造型很奇怪，可是又一点儿都不突兀，黄强的勺子，就是这样。

第十五章 / 297

上海滩的百岁老裁缝
——旗袍工匠大师褚宏生

旗袍真是件难定义的衣裳，被不同的女子穿了，竟可注入迥然不同的灵魂。

从民国美人的衣香鬓影，到纽约大都会的T台，褚宏生，上海滩最后的旗袍裁缝，见过了悲欢和繁华，风尚去又回，不变的是对手艺的历练。

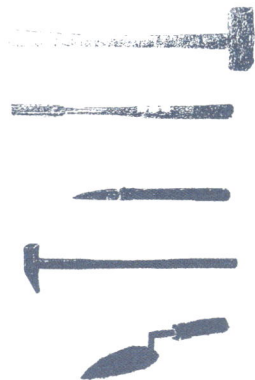

了不起的匠人

第一章

直通巴黎的高原女神

——益西德成

在梦想和日常里遇见更好的自己

22岁以前，她是一名标准的纽约女孩儿，人生却因为一场寻根之旅被割裂开来。古老的草原，古老的牧歌，而她是新的。

不是普世，不是公益，只是让每个人都有凭手艺过得更好的权利。

从粗犷牦牛到轻柔围巾很难，对于一些不理解，她都只是笑笑，说："高原就是我的家。"

益西德成，爸爸是中国藏族人，妈妈是美国人，高原上的人都称她为德清。

2004 年，她被身为人类学家的母亲派去甘南藏族自治州，寻找一种直径小于 20 微米、长度不超过 4.5 厘米的牦牛绒。

2008 年，她在甘南仁多玛村创立工坊，带领不识字的藏民们变成 Hermès（爱马仕）、Balmain（巴尔曼）、Sonia Rykiel（索尼亚·里基尔）和 Lanvin（浪凡）等品牌的定牌生产商。欧美市场上，她们用最传统编织工艺制作的围巾和披肩会以 500 ~ 2000 欧元的价格出售。

她不仅在高原完成了自己的梦想，带领牧民接触到新鲜的生活方式，也找到了自己的心灵归宿。

安多高原，位于青藏高原东北部。"安"在藏语里实发"阿"音，《多麦佛法源流》中说，"阿庆岗嘉雪山"和"多拉山"的第一个字，构成了"安多"。

藏族自古就有说法："卫藏法区，康人区，安多马区。""安多马区"显然概括出了其游牧文化的特征。

佐盖多玛乡仁多玛村就是一个位于安多游牧乡（中国甘肃省甘南藏族自治州）的小村庄，海拔 3400 米左右。2004 年以前，这里共有约 1500 名居民、6000 头牦牛和 20000 头羊共同生活在这一片辽阔的牧场上。

直到 2004 年，村里来了位不一样的客人，她就是益西德成。

仁多玛村
甘南藏族自治州
海拔3500米

村民们世世代代过着游牧的生活，逐水草而居，
基本靠自然环境生存，哪里水草肥美，他们就游牧到哪里，
日子安逸却一眼就望得到边

一念起万水千山

那一年的益西德成只有 22 岁，刚刚在美国康涅狄格大学拿了双学位（电影学和东亚社会研究）。她的父亲是位来自中国西藏的作家，母亲金（Kim）则来自一个富有的希腊家族，是位热爱摄影的人类学家。中美混血给了益西德成深刻的五官。她的童年在外祖父的法国酒庄度过，18 岁前就已经随父母周游欧亚大陆。

当周围的同学们都沉浸在努力找工作的氛围里时，虽说纽约本身就有大好的电影业等着她，但她隐隐感到，这段好光阴，可一不可再。她的母亲也鼓励她说：你应该做些更有意义的事情！不如去藏区拍一部纪录片？

于是她的 GAP（间隔年）和所有的同学都不一样，她就这样，一个人一台机器，从纽约跑到了藏区。

或许是对父亲的故乡有责任感和好奇心，她努力像个当地人一样，头发随意地扎起来，穿着臃肿的大棉袍，吃着未发酵的青稞面，就这样四处游荡了几个月。但那部纪录片并未完成，很多年后，她

害羞地说：当时藏区虽然有电，但插座不普遍，充电是一件太麻烦的事儿。

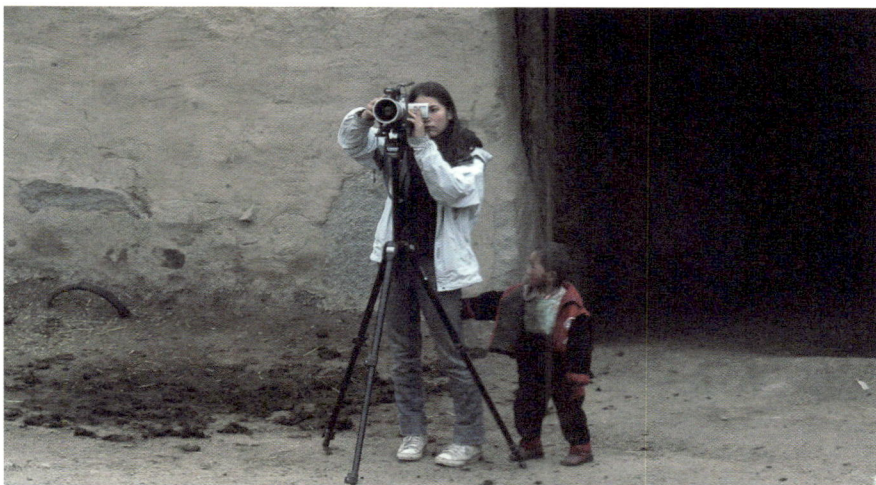

22 岁的益西德成，一个人一台机器，
从纽约跑到藏区

可是人生就是这么奇妙，你见过的每一片云、吹过的每一阵风，消磨在草原的每一分钟，都不是无用的。

不经意又反传统的间隔年，看似轻描淡写，却改变了益西德成的一生。这都源于金交给她的一个任务——去藏区寻找一种叫"库"（Khullu）的牦牛绒。

"库"是牦牛身上最纤细的、分布在头颈附近的绒毛。早在 20 世纪 90 年代，金就从一位拉萨裁缝行会的老人口中听说过这种牦牛绒，它代表着藏族贵族的衣着品位。金想也许可以在高原做作坊，把牦牛绒加工成精美的围巾、披肩，甚至可以试试把它们返销到欧洲，让世界见识到这种藏族最尊贵的服饰。

于是益西德成带着这个"小"任务来到甘南，在上文提到的佐盖多玛乡仁多玛村，益西德成找到父亲以前的旧交阿姆秋桑（Amchotsang）一家，打算说服他们加入自己的计划。

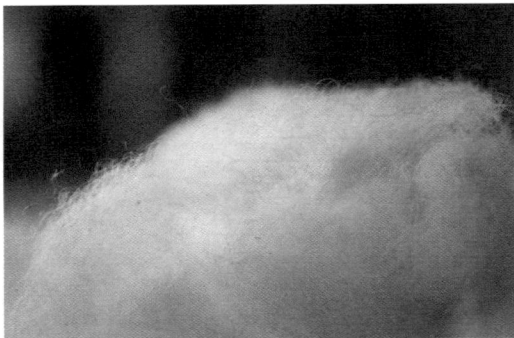

这时候她才发现，不同于拍纪录片的旅居，真正想融合进藏民中间，并不是换件衣服、吃点儿青稞面就可以轻松获得信任的。对牧民来说，他们的最大财富全部来源于自然：土地、草原、矿藏……他们的生活也无非从夏季牧场和冬季牧场之间的永恒循环。村子通往外面只有一条路，大概只有一个半车道那么宽。不管外面的世界怎么风云变幻，牧民们都循着自己固有的步调——想吃就吃，想睡就睡，想走就走。天苍苍野茫茫的生存环境，造就了牧民气定神闲、无欲则刚、自由自在的性格。

"牦牛绒可以走向国际""上班是朝九晚五""不识字不怕，可以入职培训"，这些职场上最浅显的话，对牧民来说，却简直是天方夜谭。

益西德成当然会说藏语，可那是和安多藏语迥异的拉萨藏语。那时她只是 20 出头的年纪，皮肤又白，之前的人生不过是旅游、读书和一些都市女孩儿喜欢的东西。她不懂商业，甚至语言沟通都充满障碍，更遑论谈判技巧，只剩下笨嘴拙舌、举步维艰。几乎没有人相信她可以坚持下来。

益西德成后来说："藏人是很难被说服的，但是只要他们一旦接受了、相信了，他们就是一群非常勤奋、可靠且值得信赖的人。"

将近一年后,阿姆秋桑家族的次子——桑吉,一个普通的年轻藏民,成了益西德成的合伙人,也是后来工坊的第一个员工。

工坊取名"诺乐"(Norlha),是藏族人对牦牛的称呼,它的另一个意思是"神赐的财富"。藏族人与牦牛相伴千年,总说牦牛浑身都是宝,却似乎始终忽略了牦牛身上的一个极其"细小"的财富——牦牛绒。

在牧民心目中,牦牛采毛又麻烦又不赚钱,底绒的采集更加难上加难。因为"库"是不能用剪子剪的,只能每年春季,在其自然脱落的过程中,用手一点儿一点儿去扒。这层底绒非常细,直径小于20微米,长度为3.4至4.5厘米。最好的"库"产自两岁大的牦牛,牧民们称这些小牦牛为"亚日",每头"亚日"每年只能产出大约100克左右的"库"。

益西德成想,抛开材料本身的特性,牦牛绒本身也更罕见,毕竟人们对羊绒早已司空见惯,相比之下拥有藏文化色彩的牦牛绒听上去更有吸引力。一条牦牛绒制作的围巾在奢侈品网站的售价从数百至上千欧元不等。那时她就想好了工坊的 slogan(口号)——高原的软黄金。

回想工坊起初真是好气又好笑。现在说来轻松,当初也是步步惊心。

益西德成第一次是以10元每公斤的价格收购了2吨牦牛绒,然后招募了40个女工,开始清洗工作。原本以为这是水到渠成的小事儿,却

发现自己还是太天真了。事实上，1 吨牦牛绒需要 50 个工人花上 8 个月才能清洗好。

桑吉帮忙在旁边的临夏县找到了一家愿意帮助他们清理皮毛的工厂，机器要没日没夜地加工 24 小时。益西德成害怕工人做事不稳妥，"库"里掺进油或沙子，于是一直在旁边守着。为了和工人搞好关系，她还学会买来香烟给工人们分发。这是她之前不会做也不屑做的事儿，但不论多么伟大的事业，最后都要落实到三餐一宿、柴米油盐。

从这一步开始，益西德成算是全面开始了她在高原上的工作。

在益西德成为自己梦想努力的同时，远在法国的母亲金也在为找寻投资人奔波。欧洲人对于藏区只有神秘遥远的印象，都向往可以去旅游，而要他们真金白银地掏钱投资，务实的欧洲人可不干。而且他们对于中国根深蒂固的印象就是制造业劳动力廉价，更别提偏远的藏区了。对于把牦牛绒变成奢侈品这个想法，欧洲人并无兴趣。

在游说无果之后，金决定将自己的钱投进来。

我们知道金是人类学家，父辈在欧洲有庄园，是个响当当的中产阶级。然而开一家远在甘肃的工厂，也是在她的经济能力范围里之外的。然而她们还是办到了。

高原上的软黄金

2007年，厂房在仁多玛村建起来，就在通往村外的小公路的边上，依着山势每一年每一年都在扩大。

益西德成用了7个月的时间，帮助桑吉和他的妻子变成仁多玛村第一批会简单英文、计算复杂织数的员工。而此时，她和在印度认识的同是藏民的未婚夫伊达姆（Yidam），也正在顺利地发展中。这对小情侣的恋爱没有逛街、吃饭、看电影，而是和桑吉夫妇一起，去东南亚国家学习纺织技术。比如以纺织著称的尼泊尔，还有柬埔寨等国家。

而后，他们把学来的技术带回工坊，慢慢地，又有16个"大胆"的村民加入进来。

相比于其他少数民族，藏族人其实并不是以擅长织布闻名的。过去牧民们只不过是把织布当作冬季不能游牧时的消遣活动，作品也更偏向于实用，这些日常消耗品以大地色系为主，耐磨耐用又保暖，却缺少艺术感。

益西德成坚持用最古老的方式手工制作各种布料，一经一纬都是双手所创。所以工坊必须对每一个员工从零开始培训，请来尼泊

尔的纺织大师教授工人，这大约需要 6 个月时间。

在结合了传统织造技术和现代工艺的基础上，工坊创造了一种全新的奢华织物——纯手工织造的围巾和披肩。

经过多年积累，现在的制作流程已经非常清楚，一条牦牛绒围巾的诞生工序大概是这样的：

一、收来牦牛绒，清洗干净，晾晒，有个别款会在绒的阶段就染色。

二、把绒变成线。左手捻起一把绒，松松地缠在手腕上，右手转动纺线机，带动轴飞速旋转，绒被扯住一拉就变成线了。然而如何保持线的粗细始终一样，就要靠女工双手的触觉，还有操作纺线机的熟练程度了。

三、两股变一股线，因为上纺织机的线需要特别牢固，所以需要两股。

四、上机：超过 4000 根的纺线，都是靠人工穿到纺织机上的。一边一个人，互相非常熟悉对方的频率，一送一拉，无比默契。

五、纺织：就像小时候听的歌曲《金梭银梭》，梭子飞起来是很容易让人联想到时光飞逝。脚是控制纺织机上纺线的上下运动的，右手拉动纺织机让梭子穿梭，左手使线压紧。这种工序看上去就复杂得让人恨不得马上掏钱，然而这只是素色织品的做法，格纹或花色的设计款制作起来更是难上加难。

六、检验：虽然很多商家卖手工制品会说"这是手工的所以会有瑕疵"，益西德成却从来不认为"手工"两个字可以作为不完美的借口。她一直要保证产品的瑕疵率在极低的百分比内，有女工专门负责在围巾上找有没有鼓包和线头。

七、染色：工坊的产品多是大地色系，偶尔也有亮色。用的是瑞士天然染料，染料论克售卖，成本极高。

八、整烫：水蒸气的熨斗，每一条都细心熨平叠好，然后再放进袋子套起来。

　　不说牦牛绒，大家对羊绒的观点就是松软甚至松垮的，而工坊的围巾通过这些烦琐又重复的工序，却给人感觉纹理明晰、色泽光润、温暖踏实。

　　工人都有机会尝试各个工序，然后找到最适合自己的岗位。也有熟练工能够在几个工序中随意切换。反正每个工人根据技艺高低、工作难度和工作量，领取不同的薪水。

绒变线	两线变一线
穿线	纺织
检验	整烫

从女学生到成功匠人

益西德成不再是一个热爱惊悚小说和推理美剧的电影系毕业生，她背负着整个厂房和员工的生活。她要尝试算清每一笔账，去学习做一个精明的商人。

然而她经常要面对一些不礼貌的问题，比如为什么"made in China"（中国制造）还要这么贵？是啊，人人都觉得中国劳动力便宜，面对这样的问题，益西德成每次都一定掷地有声地回答："我们不是血汗工厂，是要合理支付薪酬的社会化企业。"是的，即使不赚钱，她也要维持工厂正常有序的可持续经营。

工厂起初有举步维艰的阶段，但很短暂。

从一开始就定位高端的品质，使得工坊开始从位于巴黎纽约的时尚店铺接受订单，益西德成终于还是逐渐征服了欧洲市场。

2008年的全球金融危机为她提供了更广阔的契机，人们对于奢侈品生产方式和源头的在意使得工坊接到的订单不减反增，知名度进一步扩大，它的供货名单中开始出现Hermès、Yves Saint Laurent（伊夫圣罗兰）等顶级大牌的名字。

2009年的经济危机之后，Balmain、Sonia Rykiel、Lanvin和Haider Ackermann（海德·艾克曼）等品牌也逐渐接受了这个万里之外的村庄提供的产品。

工坊坚持只雇用本地人，"老弱病残妇"优先。起先，只有几百块工资，牧民对于工作也没有心理准备，家里条件好一点儿的都不肯来。目前，工坊已经有100名左右的员工，其中多数为女性。工厂包午餐，人际关系简单，做事没有后顾之忧，打铃上班和休息，非常有规律，工资也是以前的几倍，工坊变成大家想进都进不来的香饽饽。

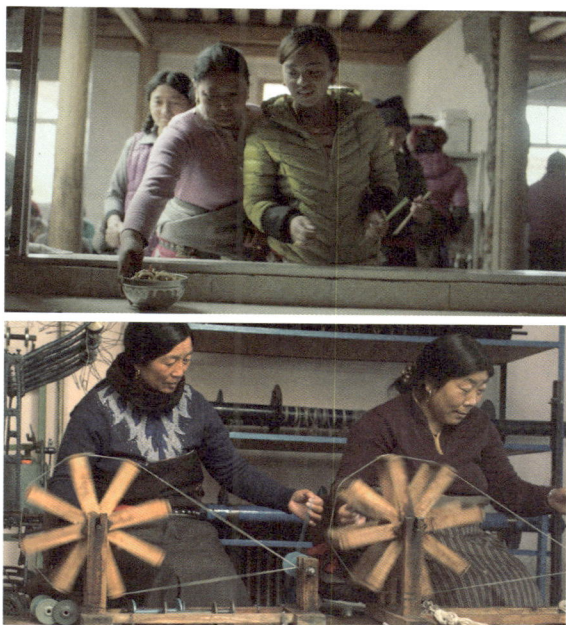

　　益西德成一直坚持纯天然，所以尽可能地让设计简单，原材料才会凸显出来。她认为她贩卖的不是牦牛绒这种珍稀材料，也不是关于藏区的情怀，而是一种生活方式。她推崇的是正在消退、不可复制的手工时代，以及"反快时尚"——衣物能够像从前一样传承，妈妈可以送给女儿，女儿长大了再拿给孩子。

坚强，是柔软地改变这个世界

　　甘南当然是艰苦的，漫长的冬天，只有6、7、8这三个月是温暖的夏季，其余的每一天都有可能忽然下起暴雪。

益西德成刚来甘南的时候，桌上会摆着一本日历，过一天划一天，计算着自己可以回美国的日子。慢慢地，她投入工作、认真生活，忽然有一天，她发现她已经没有注意日历很久了。她意识到，她并不是度日如年，而是真的当这里是家了。

当然，无法泡吧、无法唱 K、无法 shopping（购物），然而她仍然保持着自己很多的爱好，并把这些爱好运用到工作里。

喜爱摄影的她坚持用自己的工人做模特儿并且亲自负责拍照。尤其是下雪或草长莺飞的美景，她更是不愿错过。

桑吉的夫人就身兼多职，她既是厂里最早的员工、最熟练的纺织工，同时也是镜头感十足的模特儿。桑吉夫人面容姣好，身材高大匀称，眼神温柔，很有贵族气质。

喜爱摄影的她坚持用自己的工人做模特儿，
并且亲自负责拍照

很多法国人访问工坊，必到的一站就是染色部，因为那里有"男模"万代。万代身高 190 厘米，气场一点儿都不输给国外的顶级男模，眼睛随时随地都在自然地放电。

对新鲜事物充满热爱，照片质量又出众，让益西德成在Instagram（照片墙）、Facebook（脸书）等社交软件上很受欢迎，是不折不扣的"网红"。

初来时对于恶劣环境的窘迫，已经被益西德成一一化解。她在距离工厂500米的坡上建了自己的房子，两层的小楼，木质为主，还有大片大片的落地玻璃。家居用品是家人从法国等地方慢慢采购的，餐具是宜家的，布艺都是工坊自己产的。

益西德成闲暇时就写写博客，更新下高原日记。还经常和妈妈FaceTime（视频通话），所以她是草原上最早装Wi-Fi的家庭。当然，工厂的Wi-Fi信号也是满格。

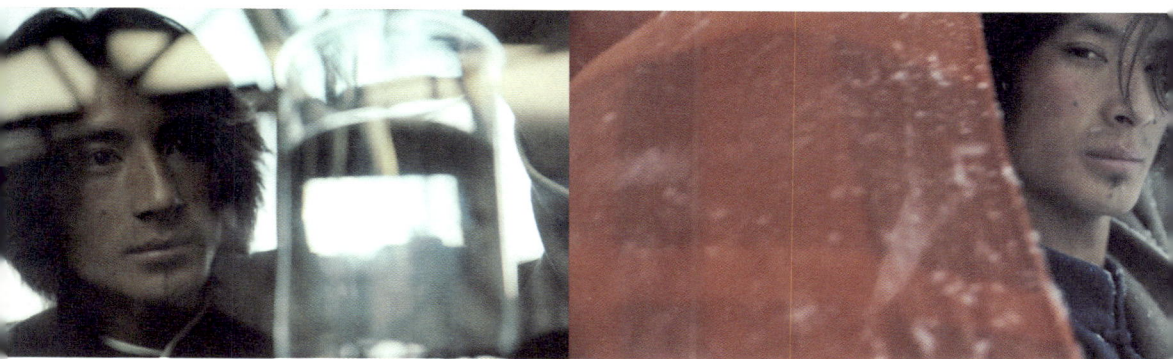

工厂的男职工会看NBA篮球，女职工会用App Store（应用商店）里最新上架的App。这些改变都是益西德成带来的。

然而，即使是现在，益西德成家仍然是乡里罕见的装有抽水马桶和淋浴的，她在自己的厂里也修建了公共厕所，慢慢改变着牧民的卫生习惯，但速度极其缓慢，也让她非常头疼。

我有很多梦想

工坊的境况越来越好，益西德成却并没有松口气。关于牦牛绒围巾，她觉得还有很多玩法和可能性。

她有时候想，为什么藏地卖几千块的围巾供给奢侈品牌打个logo（商标）就可以变成几万块一条？

所以她积极在国内找经销商、开淘宝店、微店，在夏河县的拉卜楞寺门口有专卖店。她的同学洪晃女士一直在微博不遗余力地推荐她的产品，还带去三里屯走秀。

工坊当然并非德清梦想的终点，将一生交付于草原的她，也希望让更多人认识到这片土地的美丽。

因此，作为那份初心不灭的手工艺梦想的延续，2014年夏，她和丈夫在广袤的桑科草原建立起旅游营地，这片孕育了上千名牧民的天然牧场，如今有11公顷的面积属于这个有着毡房、木屋、上百头牦牛和400只羊的美丽营地。

几座小木屋和毡房构成了营地。这里景色优美，游客可以骑马穿过灌木丛、溪水、树林，运气好时还会有成群的鸟儿从头顶飞过。

无论是毡房还是木屋，都标配有欧式双人床、私人露台和芬兰式旱厕。

营地的称谓在这里名副其实——木屋是在可移动的地基上建造的，方便整体移动。

保暖靠的是传统的铁炉与木柴，还有工坊的牦牛绒毯等，一草一木一针一线都很用心。

据说里边还有专业厨师提供美食。

心安之处是吾家

谁也想不到那个刚来时连安多藏语也不会讲的美国女孩儿，转眼已经在仁多玛村生活了 10 年。起初微小的梦想茁壮成长，她也在这里安家落户、结婚生子。

如今 32 岁的益西德成已经是两个孩子的母亲。大女儿诺增已经 6 岁了，有发泄不完的精力，两颊有藏族女童的绯红色，英语和藏语同样流利。有着男孩子直率性格的小女孩儿在中国西藏与美国的两种文化里成长，是高原的孩子王，不论男孩儿女孩儿都喜欢和她一起疯。3 岁的小女儿则安静甜美，敏感天真。

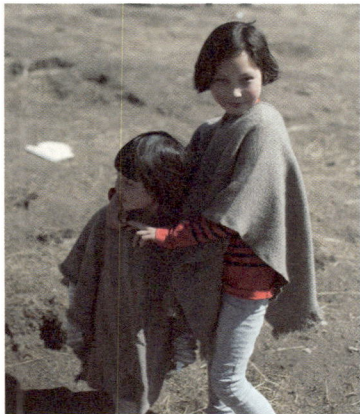

大女儿诺增 6 岁了，有发泄不完的精力，是高原的孩子王。
3 岁的小女儿则安静甜美，敏感天真

像所有妈妈一样，益西德成不得不在工作和家庭之间盘桓。她给大女儿请了美国外教，小女儿则经常让爸爸带去夏河照顾。孩子们都自由自在地生长在一望无际的草原上了。益西德成想，等她们长大后自己选择，在草原还是在纽约，抑或别的什么地方；总之这里是家，但是之后的人生还是得自己走。

无论在任何地方，文化的繁荣都与人民的幸福感息息相关。而丰足的物质基础是文化发展的必要保障。

捻线、织造、压制毛毡……这些工作不仅取材于牧民们熟悉的当地原料，更让他们不需要背井离乡就可以丰衣足食。

让牧民们在家乡拥有生活来源，为牧民们更好地参与诸如赛马、基础建设、各种节庆的文化活动提供了保障。

生态保护

长期以来，青藏高原一直面临着过度放牧所带来的生态危机。游牧业一直是当地唯一的收入来源。工坊通过给牧民提供不同的就业机会，有效预防和控制放牧对草原带来的影响，为草原生态平衡的持久健康发展做出了贡献。

社会意义

工坊致力于改变当地牧民单纯依赖本地生态资源谋求生存的就业现状，为牧民生活的收入来源提供了多元化的选择。在不需要离开家园的前提下，工坊为那些完成了自身学业但是不希望从事游牧业工作的年轻人提供了更多的可能。

也许有人会说，当代社会日新月异，看似一成不变的匠心有什么用？很多人脑海里有着无数灵感，想得多做得少，但匠人不是。匠人把灵感变成现实，其间万般艰难困苦，都是为了把脑海中的想象展现在天地之间。这是匠人们特有的技能。

匠心也不是自我封闭，而是乐于分享，把手艺传承开去，一条小小的围巾，每一寸都有手的温度，它只是半成品，等待主人让它完整。这才使艺术真正地拥有生命力。

20岁虽然美好，30岁又何尝不是光芒万丈。

益西德成说，此刻的自己就是最好的自己。

愿无岁月可回头，才是人生最好的状态

采访侧记

天气

4月的安多高原，并无什么春意。摄制组待了9天，看到了两场冰雹，三场大雪。当时兰州已经逼近20摄氏度，而400公里远的仁多玛村最低温度还在零下。

摄制组见识了人生中第一场暴雨一样的冰雹，来去不过八九分钟，冰雹有婴儿拳头那么大。大家没见过世面地惊呼，工坊年纪最大的工人说，这叫"过云冰雹"，非常常见。同理，还有"过云雪"，而我们是一群只见识过"过云雨"的人……

地理

这个村子的行政区划是甘肃省甘南州合作市佐盖多玛乡的仁多玛村。说是村子，只有几十户居民，全部是藏民。这个地方海拔3400米左右。

高原反应是有的，只不过不明显，主要症状是气喘、头疼。

这里每到夏天会有很多游客，而在这个4月，摄制组无法看到"天苍苍野茫茫，风吹草低见牛羊"，甚至远处高山的雪线仍然不肯消失。

住宿

我们住在工坊专门招待访客的屋子，工坊叫"诺乐"，我们住的自然叫"诺乐屋"。

一共有六间房，抽水马桶、淋浴、热水、地暖、柔软的被褥，应有尽有，是城市里四星房的水平。而空气、人文是多少星都买不来的。

特别是所有的床上用品、沙发、抱枕、摆设都是工坊出品。

饮食

早饭是面包、鸡蛋、酸奶，非常西式。

中餐晚餐吃的和厂子里的工人一样。

工厂开饭，女工就会先端一盆给我们，青稞粉、面条、羊肉汤这些。偶尔也会给我们炒两个菜。炒菜我们就会欢呼。但是我对有一次吃到的拌面印象深刻，顶饱不油腻。

总之即使这里物资匮乏，他们也努力让我们吃得好一点儿。

"诺乐"工坊

"诺乐"看上去只是一个普通的纺织工坊，但是在小镇却特别打眼。

它有蹲便器、自来水。也许你觉得这是很微不足道的事情，然而即便是现在，很多牧民家里都是没有厕所的，只在屋后解决。

　　"诺乐"的办公室里一水儿的苹果电脑，员工也会在休息时间掏出苹果手机来玩儿。

　　"诺乐"的管理非常规范，什么时候上班，什么时候休息，什么时候吃饭，都是打铃来通知，像我们小时候上学一样。

　　藏民在跟我们的闲聊里，都表达了对在工坊上班的羡慕。员工有3000多元的工资，有休息日，让生活无后顾之忧。不像放牧，逐水草而居，靠天吃饭。

　　然后他们又呵呵笑道，不过刚开始，工坊里的工人每个月只有几百块，那时候我们都嫌少不去呢。

桑吉

桑吉是益西德成最初的合伙人。

桑吉起初能看到的未来的生活，无非是今年 100 头牦牛，明年 110 头，后年 120 头。对于生活，他已经没啥期待了。

益西德成跟他说的那些国际化的问题，他基本听不懂，更别说相信了。益西德成带他去念书，去纺织技术最先进的尼泊尔学习，桑吉才慢慢地将信将疑。于是他和太太成为工坊最初的员工。

德清

当地人并不管益西德成叫益西德成，而是叫德清，在安多藏语里是仙女的意思。

她的个头很矮，眉目清秀，看不出小小的身体有这么大的毅力。

当初为了融入当地人的生活，益西德成学习了安多藏语，和藏民有共同的信仰。而真正获得藏民的信任，是从她嫁到仁多玛，并且真正安家生子开始。

上文说到的一些经历，代表了她艰辛的头几年。

然而时间到了 2016 年，最艰辛的日子其实已经过去了。那些我们之前收集的资料，益西德成在之前一些采访中透露的，比如藏民的卫生状况、没有 Wi-Fi、想家等等，已经都是过去式了。益西德成也就是德清已经用这 10 年在高原上搭建了自己的小世界。

工坊是 Hermès 在中国唯一的生产商，与 Balmain、Sonia Rykiel 和 Lanvin 等品牌也维持了良好的关系。但这些并不是益西德成最想要的，她希望自己的品牌可以打出去。

然而工坊到如今仍然是社会型企业，即带有慈善性质，以公共利益为目标的组织。

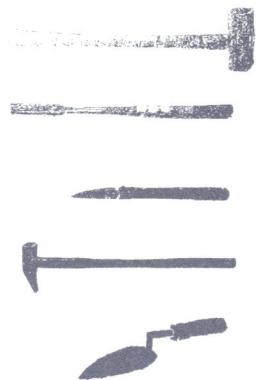

第二章

唐卡世家
新势力
——唐卡家族的继承者旦增平措

他，是卡朵家族百年唐卡艺术的继承人。
自出生起就注定了与画结缘。从能熟练拿起画笔
的那天起，就再也无法轻易放下。在他父亲的眼
中，画画是他的天赋，更是他未来修行的方向。

旦增平措，山南藏族人，勉唐派国家非物质文化遗产传承人，西藏唐卡大师丹巴绕旦的儿子。从小喜爱画画，曾经因为在父亲一幅已经快完工的唐卡上随意涂抹，被父亲严厉教训，从此谨记：画唐卡是一件必须恭敬和严谨的事情。

他13岁正式拜父亲为师，学习勉唐派唐卡；15岁到外省读书，接触到外面的文化；17岁时一度远离唐卡，想成为当代艺术家，后来回到父亲身边，继续学画唐卡；大学毕业后在高校担任唐卡美术教师。

旦增平措创作的西藏唐卡作品《大智渡海》，参加过"第三届非物质文化遗产博览会"，并在"中国非物质文化遗产新传承创意设计大赛"中荣获银奖。

2013年，他参与编撰的《百工录——中国工艺美术记录丛书：唐卡艺术》正式出版发行。

2014年，经过重重选拔，他有幸参与了大昭寺壁画的维修工作。

如今，他已深谙祖辈们灌注在唐卡上的心血和希望，并继承了父亲创办的丹巴绕旦唐卡艺术学校，且自费将学校迁到了远离市区的仙足岛，独力承担起百名弟子的唐卡教学工作。

　　唐卡，从 1300 多年前的佛像中走出来，以天然矿物、植物为原料，绘制在平整光滑的画布上，并用彩缎等装裱成卷轴以便悬挂供奉，是具有浓郁藏文化特色的一种绘画形式。

　　昔日的藏民们骑马牧牛，逐水草而居。一卷唐卡，随手展开，可悬挂在黝黑的帐篷里接受供养，让虔诚的藏民们每时每刻都能感受到信仰的庇佑，感悟到佛法的真谛。

一卷唐卡，便是一座可以随身携带的庙宇

　　如今，唐卡除了接受虔诚的顶礼膜拜之外，还成为展示藏文化不可或缺的符号。越是画工精美的唐卡，就越是收藏家们趋之若鹜的艺术珍品。每一幅细致精美的唐卡，因为纯手绘的缘故，也因为绘制工序繁杂，所以从开画到完成，所需时间往往要以年来计算。

　　在西藏，一位稍有名气的唐卡画师，年收入少说也能达到六七位数。但是有这样一个以画唐卡闻名百年的家族，不但没有靠卖唐卡致富，反而将自家的画技免费教授给每一个真心喜爱唐卡的人。这个家族就是卡朵家族，而旦增平措，正是这个家族的第四代继承者。

卡朵家族的第 4 代继承人

卡朵在藏文里是"颜色"的意思，因为家族里的祖辈都擅长绘画，卡朵也就成了家族的姓氏。

旦增平措出生的卡朵家族，是一个传统的藏族美术世家，西藏的宫廷艺术文化在这个家族的血脉里流淌和传承了 100 多年。旦增平措和他的祖辈们一样，拥有与生俱来的绘画天资和浪漫个性，不过旦增平措一直认为，"卡朵这个名字过于浪漫"。

绘画的天赋也许还和卡朵家族来自一个名叫"艾"的地方有关。艾地（今西藏自治区山南地区曲松县贡康沙乡）是闻名全藏的艺术之乡，这里的人们大多以艺术创作为生，绘画、泥塑、金属工艺、堆绣、书法等多种传统艺术在这里世代传承。在绘画方面，艾地继承的是勉唐派传统。

蓝天下的布达拉宫

17 世纪时，第五世达赖喇嘛阿旺·罗桑嘉措（1617—1682）为了重建布达拉宫，从全藏召集最优秀的画师共 66 人来到拉萨，直至红宫落成。其中有大部分是来自拉加里的艾地。

第十三世达赖喇嘛土登嘉措（1876—1933）专设宫廷画院，称为"索琼"，院址设在大昭寺南侧一座名叫"西热"的院子里，当时在此供职的画师也主要来自艾地。他们在这里从事壁画和唐卡的绘制任务，并将勉唐派绘画艺术代代相传至今。旦增平措的曾祖父即是宫廷画院中首屈一指的画师。

旦增平措的曾祖父名叫乌钦·次仁久吴（1872—1935），18 岁就因画技高超被聘到当时的宫廷画院，30 岁就获得了其中的最高职称"乌钦"。作为十三世达赖喇嘛的随身画师，1904 年他也跟随达赖喇嘛去北京觐见过慈禧太后。回到拉萨后，他就在罗布林卡的金色大殿里绘制壁画，将颐和园的形象呈现其中，并且据说还创作过一幅画有慈禧太后的唐卡，可惜没能保存下来。这次朝觐的经历还塑造了一位潮人画师：留着络腮大胡子，头戴形似小斗笠的黑帽，一袭锦缎长袍马褂，右手拇指上戴着一枚玉扳指，手持拐杖走在拉萨街头。这身打扮相当新潮，隔着老远人们就能认出是"久吴"（藏语"久吴"是"大胡子"的意思）来了。

旦增平措的爷爷仲多·格桑诺布（1910—1966），也是在 20 岁就进入了"索琼"画院，23 岁获得"乌琼"称号，调入"雪堆白"（代表着西藏地区手工艺最高水平的管办机构）后取得了"崇多"这一最高职位，成为近代西藏杰出的设计大师，设计了位于布达拉宫红宫西侧的十三世达赖喇嘛灵塔。其塔高 14 余丈，用近 2 万两优质黄金包裹，并刻有精致的龙凤花卉、吉祥八宝图纹，塔身遍缀五光十色的珠宝，璀璨无比。仲多·格桑诺布还在 20 世纪 50 年代时设计了藏银 100 两套色纸币（合人民币 100 元）和藏银 25 两（合人民币 25 元）的套色纸币，那个时代还没有缩放技术，钞票实际幅面有多小，画家就得画多小，作品完全靠画家异常精细的手绘技艺。

旦增平措的父亲丹巴绕旦（1941— ），是勉唐派国家级非物质文化遗产传承人。11 岁起开始学习绘画技法与造像量度的理论知识。绘画对丹巴绕旦来说似乎是一种与生俱来的能力，学得又快又好，15 岁的他就系统掌握了从起稿到上色、勾线、开脸等所有唐卡技法。1979 年，他被调入西藏师范学院，从事《格萨尔王》的研究和插图绘制工作。1985 年到西藏大学艺术系任教，并组建藏族传统美术教研室，将西藏传统绘画的实践和理论教学引进到高等教育体制中。

丹巴绕旦，西藏大学艺术学院教授兼硕士生导师，已培养了 30 多位藏族传统美术方向的硕士研究生，被授予"西藏唐卡艺术大师"称号

和祖辈们一样，1985 年生的旦增平措，一出生就生活在唐卡的世界里。墙上悬挂的、佛前供奉的、父亲倾心传授的、大哥哥们日夜描绘的，都只有一件事物，那就是唐卡。也许是由于身体里流淌着艺术世家的血脉，天性使然，从小他就喜欢随手抓起一支画笔来涂抹，在他心目中，画笔是用来表达感受最直接的也是最熟悉的工具。

当然，画笔也有涂错地方的时候。小时候的旦增平措调皮好动，经常把父亲书桌上的画册拿起来当小人书一样随意翻看，有一天看得兴起，抄起画笔就开画，把父亲一幅已经画了一年多、快要完工的唐卡（开脸完成，就等着签章和装裱）涂了个乱七八糟。事后他自然被父亲狠狠地教训了一顿，从此他明白了一件事儿：画唐卡绝对不是即兴的创作，它的每一个笔触里，都蕴藏着历经千年的感动和画师全身心的投入。

6岁多的时候，旦增平措翻看到父亲书架上的抽象画册，然后第二天自己找了块画布和各种颜料，随便涂上去，还把这块画布挂在自己床头上炫耀，虽然结果是被父亲训斥，但喜欢尝鲜的种子却从此在他心里扎下了根。

13岁时，旦增平措正式拜父亲为师学习唐卡，严厉的父亲既乐见儿子在绘画上独具的天赋，又担心他被单纯的技法所桎梏，无法达到思想和意境的彼端。于是有很长一段时间，父亲不再教给他画画的技法，而是希望他好好读书，并在他15岁时送他去外省，希望他能借此机会，丰富自己的眼界和见识。

外面的世界总是很精彩。年少的旦增平措敏感而乐观，加上身边不乏好友的陪伴，他很快就融入周边的生活和文化氛围。多姿多彩的文化艺术形式让他流连忘返，敢于尝试的他更是好为人先，事事争做体验第一人。

让父亲意想不到的是，旦增平措在拓宽对艺术的认识和理解的同时，居然开始越来越倾向于唐卡之外的另一种艺术形式：当代艺术。这种热爱到了2005年，旦增平措考取西藏大学艺术学院美术教育专业之后，变得尤其强烈，并最终形成一个想法：他向往成为一名当代艺术家。有一次为了交上一份满意的行为艺术科目的作业，旦增平措甚至不惜用保鲜膜把自己裹成一个透明的粽子……

当旦增平措找到父亲商讨这件事的时候，丹巴绕旦当即决定，收回手中放出的长线，并诚恳地希望儿子能回来继承卡朵家族的唐卡艺术。一边是满怀青春热血的儿子，另一边是恪守传统的父亲，父子之间曾为此发生过多次激烈的争吵，而这一吵就使得两年的时光飞逝而过。最终，秉性忠孝的旦增平措，不忍见父亲撑着日渐老迈的身体日夜操劳，更被父亲不遗余力传承唐卡艺术的信念所感召，最终选择回到父亲身边，继续钻研唐卡艺术，并赶在自己大学毕业之前，完成后续的唐卡学习。

2013年，旦增平措参与编撰的《百工录——中国工艺美术记录丛书：唐卡艺术》正式出版发行；2014年，经过各位画师的严格遴选，旦增平措获得参与维修大昭寺壁画的资格。同时，他的唐卡作品《大智渡海》在"中国非物质文化遗产新传承创意设计大赛"中荣获银奖，且在第十届"中国国际文化冬季工艺美术精品美术展"中，荣获"中国工艺美术百花奖"铜奖。

现在，作为卡朵家族勉唐派第四代传承人，旦增平措不但在任教的高校里专职教授唐卡技艺，而且他还继承了父亲创办30多年的唐卡学校，并把它搬迁到了远离拉萨市区的仙足岛。

面朝雪山，传承唐卡之美

　　这所唐卡学校是父亲丹巴绕旦对外招徒的地方，它的入学几乎不设门槛，只看学生是否真心热爱唐卡艺术，并且是否有恒心耐得住寂寞坚持学习。30多年来，丹巴绕旦就在一间60平方米的教室里教学，不但对每一位前来学习的学生都倾囊相授，而且还容留家中贫困的学生在这里解决食宿。丹巴绕旦一直艰辛地用自己微薄的收入补贴着学校，从不收任何学杂费，坚持至今。

　　不收学杂费，就意味着学校没有任何收入，换句话说，这就是一个纯公益性质的学校。每每谈起当初创办学校的初衷，旦增平措的话语里总是充满了对父亲的崇敬。

从这间简陋的画室里学成毕业的500多名学生之中，
被评为中国工艺美术大师的大有人在，
有30多人对当下的唐卡界具有一定影响力

20 世纪 80 年代，曾经在西藏历史上无比辉煌灿烂的唐卡，却面临着即将失传的危机，当时全拉萨的唐卡画师只剩下不到 20 人，而丹巴绕旦是其中最年轻的一个。这让刚从山南调回拉萨，还寄住在热振活佛家院子里的丹巴绕旦感到非常震惊，他决心打破唐卡"传内不传外，传男不传女"的传承方式，自己出资开办唐卡学校，面向社会招收学徒。

为什么规模如此小的学校里，能培养出那么多优秀的学生？旦增平措觉得，这是因为父亲对传统文化的热爱和对佛教信仰的虔诚。作为卡朵家族的继承人，他感到在传承勉唐派唐卡技法之外，更重要的，是要传承前辈们精神上的某种东西。

2013 年，他从父亲手里接过唐卡学校的日常管理和教学，决定将学校搬迁到仙足岛的一个院子，并正式命名"西藏丹巴绕旦唐卡艺术学校"。从 60 平方米到 200 多平方米，在数字上虽然不算什么飞跃，却实实在在地解决了 60 多名学生如何一起学习的问题。搬家虽好，但每年 16 万元的房租也实实在在扛在了旦增平措的肩上。每月仅有 3000 元的教师薪资，还要抚养膝下的一儿一女，与多出一位数的房租相比，无疑是杯水车薪。旦增平措不得不靠出卖画技来养活学校。

除了在高校授课，旦增平措每天要花费大量时间待在唐卡学校里指导学生，同时靠画定制唐卡赚取房租。每天他都会画到很晚，经常会到凌晨，只是为了多卖一些唐卡，能够把学校维持下去。他的校长办公室在小院的二层楼上，5 平方米的小屋里挤坐着旦增平措和几名弟子。

旦增平措十分能干的助理——乌兰就是几名弟子之一，提起旦增平措，她最常用的一个词就是"不容易"。在她的印象里，"小老师"（学生们对旦增平措的称呼，对丹巴绕旦则称"大老师"）有时连吃面的钱都没有，只好由带了钱的学生们先行垫付。

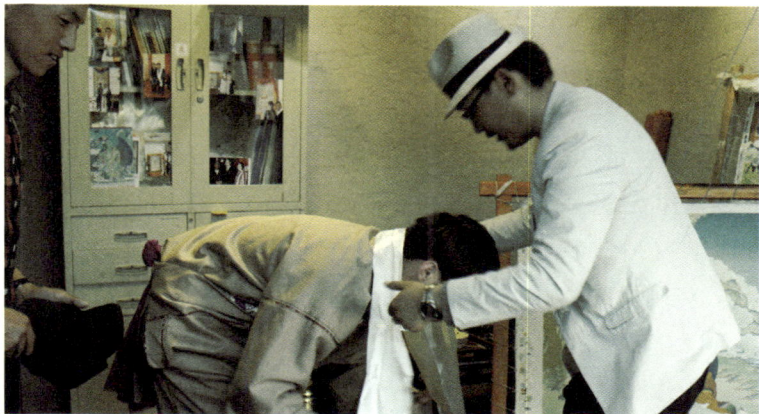

拜师礼

　　就是这样一所学校，却恪守着异常严格的学习过程和过关标准。唐卡学习有很多阶段，仅"白描"这个阶段就有十几个关卡要过，然后是"上色"，过四五关，再有"勾金""估量"和"开脸"，最后画毕业唐卡，才算一整个系统的结束。以"白描"为例：每幅画要画 10 张，并且需要很长时间的学习，画一幅吉祥天母得一周多的时间，一般学生要两三个月才能过一次关。从"起稿""上色""勾线""描金图案、背景"等技法，再到"估量""开脸"，直到"吞唐"完成，一位唐卡画师要经历 6 年学习之后，才能合格毕业。这一套源自卡朵家族的唐卡学习程序，连同卡朵家族勉唐画派的所有技法，学校都毫无保留地传授给每个学生。

　　完成这一整套唐卡教学，平均每个学生大致需要花费 4 到 6 年的时间。学成时间的长短，完全取决于学生个人的悟性和能力，用在这里进修的学生的话来说，就是"进来容易出去难"。

　　如今的西藏丹巴绕旦唐卡艺术学校，已经成为西藏自治区勉唐派非物质文化传习基地。这里严谨的治学，在反复锤炼着学生们的画艺，让他们得到更多成长，绘制唐卡的基础和技艺也因此更为扎实。

穿越时光的指尖修行

旦增平措正在筹备一个唐卡展览，一个首次以父亲的名字命名的唐卡作品展。为了展示当下勉唐派唐卡的实力和风格，父亲特意甄选了8位弟子的优秀唐卡作品，和自己30年前的作品《大威德金刚》一起送展，并将展览命名为"薪脉相承，指语菩提"。

没有可以招揽展览公司的资金，却有上百幅价格百万级别的唐卡，它们将要被布置在1000多平方米的展馆里，而距离开展的时间仅剩下一周。为此，旦增平措带着助理乌兰、卡朵中心的志愿者和唐卡学校的学生们开始了连续一周的日夜鏖战，从整理资料到印刷宣传，从熬夜布展到排练展览流程，尽管中间困难重重，但他们少眠不休也要把展览做到最好。只因为这不仅是一场展示传承力量的倾情展览，更是一场唐卡爱好者的视觉盛宴。

　　一幅幅绘制精美的唐卡，绝非普通的工艺品能媲美。画一幅唐卡，需要经过极为复杂的一道道工序，而完成这些工序，往往需要花费一年甚至十几年的时光。因此，从某种意义上来说，每一幅唐卡的创作，都像是一次旅行，是一次穿越时光的指尖修行。修行的结果是获得某种圆满或提升，而方法却可以千差万别，全凭修行者个人选择。

　　一般而言，绘制唐卡的工序主要有以下几步：

　　一、绷布、刷白：将一块一尘不染的白棉布剪裁成形，然后绷上架，兑牛胶，并在两面涂满胶后阴干。

　　二、打磨：在上好白底的布上打磨，从上到下，从左到右，一遍又一遍打磨和阴干，磨去粗糙颗粒的同时，也磨砺着初学者的耐性。以前是用光滑的石头打磨，如今发现瓷器能打磨得更好。

　　三、开画：在新唐卡绘制之前，旦增平措会去大昭寺拜佛，以求得佛祖的允许和庇佑，然后才会动笔开画。

　　四、定稿：打磨完之后用炭笔定稿，然后勾线。神佛的绘制，会遵照严格的度量标准。炭笔在画布上反复构图和修改的过程，也是画师们突破技艺的一次次试炼。

　　五、白描：这一步骤共有十几个阶段的学习。以释迦牟尼为例，学习唐卡首先要学习画头部，然后是身体，再然后是释迦牟尼裸身像，如果前一关没过的话，画师不能进入下一个阶段。

　　六、上色：一般有五个阶段。唐卡所用的颜料全是天然矿物、植物，有各自专业的名字。怎么磨、怎么配制，学生需要全部了解得清清楚楚。

　　七、勾边：用各色线条来装饰画面，比如铺金描银。

　　八、开脸：每一幅唐卡作品，都对应着一段时光的流逝。开脸是最后一道工序，也因此成为整幅唐卡的点睛之笔。轻轻几笔，替佛像和众生画上了五官，也赋予了他们生的灵气。

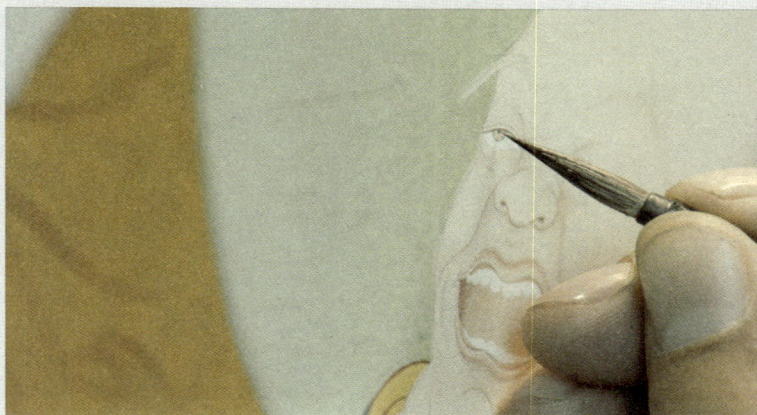

绷布	刷白
阴干	打磨
定稿	白描
上色	勾边
开脸	

很多人误以为唐卡画得越精细就越好，旦增平措却认为并非如此，他觉得看待一幅唐卡，必须要先有一个整体性的认识。例如里面的构图是怎么样的，以及该如何去安排和完成这幅作品，佛性放在哪里，佛像中有什么故事，这些都会是安排构图的基础考量。换句话说，就是画师必须服从整体，为大局着想。

2016 年 5 月 17 日，在西藏牦牛博物馆，熬完最后一个通宵后，旦增平措终于迎来了开展的这一天。当他看到父亲丹巴绕旦被雪花般的哈达围绕着，被众多的勉唐派弟子簇拥着，他不由得再一次为父亲感到骄傲，也再次认定了自己当初做出的选择是正确的。旦增平措说："所有的艺术是相通的，它们都来自我们的心里。"

"薪脉相承，指语菩提"

更多更好的选择

曾经有一次，旦增平措想要布置一幅唐卡的背景，他翻阅了很多画册，由于看得过于投入，有一瞬间，他仿佛感觉自己不知道方向在哪里，门又在哪里，也听不到任何声音，空间关系变得混乱；就如同突然让他停下来，又突然让他走，那么出口在哪里他已经完全不知道了。

对绘画来说，这是一种很奇妙的感觉。但如果放在现实生活中，却折射出时代所赋予旦增平措的是其他更多的选择。

当初在一度"叛逃"之后，旦增平措选择了回归，他回到年迈的父亲身边，继续传承着卡朵家族世代坚守的勉唐派唐卡，但这并不意味着他会永远停下敢于尝试的脚步。事实上，创新的种子在他心中不断发芽生长，同样是传承，年轻的旦增平措却采用了与朴素的父亲截然不同的方式，他的思路、创作和生活显得更为丰富多彩。

例如，在唐卡的上色处理方面，且增平措更喜欢淡雅的颜色，并注重色彩的统一性，较少使用过于浓烈或跳跃的颜色。他甚至在背景的设计借鉴了一些国画上的技法，而在鬼怪的细节处理上，加进了些许电影的元素。

在办学上，他努力将学校规模办大，只为了给学生们提供更加便利的学习条件。他找政府、求合作，一直在争取寻找到空间大些的地方，让每个教室可以分开来，最好能再专门设一间图书室和一个展厅，同时希望能更好地解决学生们的食宿问题，另外，符合条件的学生还可以注册学籍。

为了更多更好地宣传和传承唐卡艺术，且增平措每天离开唐卡学校后，总会抽空去看望父亲，他在准备出一本书，将父亲口述的许多关于唐卡的珍贵记录传承下来。他还组建了"卡朵艺术中心"，招募那些喜爱唐卡艺术的志愿者，和自己一起办展览、搞讲座、组织各色沙龙活动。

唐卡和学校，是父子二人永远绕不开的话题

个性活跃的旦增平措容易接受新事物，偶然一次，他发现手机上有可以直播的软件，他想到了唐卡，于是就在自己画唐卡的时候进行直播，以此让更多的人看到唐卡绘制的过程，并分享自己的唐卡教学。他在直播中最常说的一句话是："来来来，都来给我点赞。"

一个朋友问旦增平措："你们画唐卡的人，心肯定是非常非常静的，你们是不是平时做其他事情也非常慢？"

旦增平措当时就笑了，他回答说："我毛笔一放下就非常 high（兴奋）！我还有可能到迪厅里去的，那就是另外一个状态了！"

事实上，走出了唐卡的圈子，日常生活中的旦增平措也同样很充实。他有时会去酒吧喝酒会友，顺便唱歌娱乐自己，也会邀请帮助过他的朋友到野外烧烤，有时他还会和学生们一起踢球，架起篝火联欢，也会独自一人开车去羊湖边散步，任思绪蔓延。

虽然旦增平措的日子有时过得窘迫，但他还是保持着卡朵家族的艺术风范，出现在人前的时候，总是一身合体的小西装，头戴一顶时尚的小礼帽，修得很齐整的两绺小胡子服帖地伏在唇边。别人都爱夸他帅，他却说，他所有的时尚造型，都是开藏装店的母亲专门设计、亲手缝制的。洋溢着幸福的眉眼之间，满满地都是对母亲的感恩。

最带感的"西藏金城武"

旦增平措个子不高，但朋友们都说，无论走到哪里，他都是人群中最显眼的那一个。在摄制组成员的眼里，他却是不折不扣的、最带感的"西藏金城武"。

男神感

谈到金城武，不要问那一抹帅气微笑的杀伤力究竟有多大，而要问杀伤范围有多大，从"萌妹子"到"奶奶灰"，几乎全龄覆盖。

旦增平措之所以被称为"西藏金城武"，除了那一脸酷似金城武的帅之外，还有那一抹无辜的笑。虽然屡次有人跳出来佐证说他是装的，但也无法阻挡众位粉丝相信他的那颗心。你们如果不信，可以亲眼瞧一瞧旦增平措老师的定妆照，给他的颜值打个分。

自嗨感

每到夜深人静，正是旦增平措精力最为充沛的时候。

感觉到笔下的画渐入佳境，他顺手点开手机上的直播软件，开始直播自己画唐卡。

"我这帅得不要不要的啦！"这位"金城武"似乎忘记了此时已到子时，大多数人已经或者准备进入梦乡。而他把自拍的视频传到网上，居然即时收获了上百人的讨论和聊天，这更加速了他自拍的频率。

摄制组拍摄他在酒吧唱歌的那个晚上，旦增平措不但顺利地展示了他完美的歌喉，据说，他还在摄制组全部撤回酒店陆续出现高原反应的时候，一直飙歌到凌晨。

神秘感

在飞到拉萨之前，摄制组几次申请旦增平措的微信好友，但他一直不予理睬，保持了足够时日的神秘感。

在之后的拍摄过程中，旦增平措始终都是一个行踪飘忽不定的主角。最常见的一种情况是迟到，纪录中迟到时间最短的一次，是比之前预约好的时间晚到了 2 小时 35 分 58 秒。而最可怕也是最无奈的情况则是失联，第一天手机关机，助理乌兰打遍家人和朋友的电话也找不到人，然后是漫长的等待，再然后是失联 10 小时之后的姗姗来迟。最不幸的是，第二天一早他又失联了，而且是当着摄制组的面，因为急着送孩子去幼儿园，他一溜烟开车走了，可怜的摄制组一路导航找到他家，大家不由得开始担心第三天的拍摄。意料之中的失联还是发生了，因为学校里临时有事儿，原定 2 点到唐卡学校的老师再次爽约不接电话，直到 5 点才打通电话，6 点半才匆匆赶来拍摄。

几乎不用太多的解释，忙碌和疲累都写在他脸上，成了他完美的佐证，再加上那一脸无辜的歉意，会使积聚已久的众怒瞬间蒸发。

矛盾感

作为一名个性叛逆的年轻画师，却在做着传承古老唐卡艺术的事情，怎么看都是一个矛盾体的组合。

2016 年 5 月 17 日，丹巴绕旦唐卡艺术展在牦牛博物馆正式开展，有个需要注水的卡朵艺术雕塑迟迟没有送到，乌兰跑去现场检查，告诉旦增老师出现了意外情况，雕塑无法正常完工，旦增老师忍不住在电话中发了火。后来乌兰保证雕塑会有一面不漏水，于是旦增老师决定冒险一试。

于是，在众目睽睽之下，两瓶红色的颜料缓缓注入卡朵艺术雕塑，获得了一片掌声，机智的乌兰把不漏水的一面对着观众，又趁大家不注意，及时将雕塑抬到门厅处。旦增老师如释重负，激动之下，还与卡朵志愿者朱诗音击掌庆祝……

拍摄渐渐步入尾声，旦增平措趁拍摄唐卡的间隙又观赏了一次唐卡艺术展的作品。眼前这一幅幅唐卡真的很美，线条美，颜色美，佛像美，而在隐隐约约之间，透过这一幅幅美丽的唐卡，旦增平措更感受到了一种源自心灵的美。他由衷地赞颂这些美丽，因为有了它们，唐卡画师手中的画笔才会日渐注入丰满的灵魂，也正因为有了它们，唐卡画师的人生才会在这一笔一笔的积淀里，获得价值和意义。

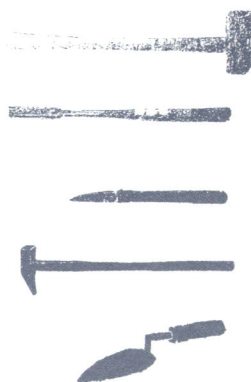

第三章

浪人大叔的漆器魂

——轮岛涂漆器匠人坂本雅彦

从新石器时代开始，自唐代而衰的漆器工艺，经历了由日常而入殿堂，盛极而遭禁的历史。东渡日本，它被发扬光大，至今活跃在日本国内的日常生活和各类庆典中。

轮岛涂，是日本漆器技艺中最华美精致的一个流派，经过 600 年历史的发展，不断改良，拥有独特的工序细分流程，以确保每一环节的精益求精。

坂本雅彦，专职漆器涂刷工序。他用一生的工作，将涂漆技艺推向极致。

坂本雅彦，1958 年生，日本京都人。

他出自漆器制作世家，20 岁从京都前往轮岛学习漆器，至今已从业近 40 年。

曾经不羁的长发摩托少年，因为学习手艺安定下来。年轻时曾有一个梦想，要娶一名莳绘师为妻，夫妻一同创作漆器，如今他已梦想成真。

每一次的涂刷过程，全靠经验拿捏因时间、温度、湿度而变化的比例。

这段与漆器相伴的人生，40 年始终如一，不离不弃。

漆：神的血液，亚洲的礼物

工艺美术的疆界之内，林林总总，博大精深，纵览全球，基本可以归为陶瓷、纤维、玻璃、金属四类。但在东亚地区，却拥有此四类之外的特有品类，那就是漆艺。在西方世界的眼中，漆艺古老而神秘。因为它的原料来源是东亚一种特有的树种——漆树。漆树产出的汁液会让初次接触的人皮肤过敏、奇痒难耐，但用其制成的器物却可以盛装食物，且百年不腐。

不过，即使是在东亚，漆树也并不常见。漆树生长需要足够肥沃的土地，足够丰沛的水分，生长地点还要选在斜坡上，是很珍稀的树种。目前在全世界范围内，95% 的生漆产自中国。

漆的采集也有着仪式般的严格程序。每年三伏时节，漆农会在凌晨时分入山采漆，在漆树上割一浅口，以蚌壳或小桶采集流出的漆液，熟练者至日出时分可以割百余棵漆树，大约收集一公斤左右的生漆，弥足珍贵，被称为"百里千刀一斤漆"。

采漆

日本东京艺术大学教授大西长利称漆为"神的血液",意指漆是神赐予亚洲的礼物。

在中国,漆艺至少有 7000 年的历史了。但自唐代之后,漆艺发展在中国日益式微,在日本却是一枝独秀,目前在日本,经过认证的传统漆艺地区已达22个之多,其中最具盛名的,是石川县的轮岛市,其出产的漆艺品被称为"轮岛涂"。

轮岛涂:最结实耐用的美好之器

日本的漆文化之盛,体现在他们的各种传统习俗中,在人生的每一个重大场合,漆器都扮演着不可替代的角色。新生儿要用朱色漆盆沐浴，取名的时候必去神社，一定会经过朱漆髹涂的鸟居门，而当有亲人逝世，家人为其供奉的牌位，也是黑漆莳金工艺的。在婚礼、祭祀等等庄重盛大的场合，漆器更是作为制定出场的道具，必不可少。

作为日本漆文化的代名词，轮岛涂有着自己独此一家的特质。轮岛涂大师坂本雅彦说过，他虽自小在京都长大，对漆器艺术也算是耳濡目染，但当他第一次接触到轮岛涂时，仍然受到了深深的震撼。对一向清高的京都人而言，这个评价着实不一般。最让坂本雅彦感到震撼的是，在他的概念中，漆器生来华贵，理当金碧辉煌，被郑重供奉在肃穆的场合。但在轮岛，他看见的是漆器不仅出现在特殊场合，也出现在老百姓的寻常生活里，被作为饭碗和便当盒使用。

漆器工序复杂，要想在日常也可以使用，前提是要足够实用。生漆是目前所知唯一一种靠生物催化（漆酶）干燥的漆，制品干燥后，表面会形成一层保护膜，坚硬且抗酸碱，兼具防水耐热的特点，黏着力也很强。这些特质，都不是现代化学涂料所能企及的。更为神奇的一点是，天然漆有抗菌的特效，所以做成食盒后特别受欢迎。

轮岛涂与其他地区漆器手艺的差异之处，一是分工细致，二是坚质细致的底胎，奥妙就在于当地出产的硅藻土。

硅藻土是由海藻化石煅烧成粉末再研磨而成的，因为硅藻土分子结构中有大量微隙，便于生漆渗入，所以可以形成漆与土的高强度结合，这是其他地区的土质做不到的。硅藻土在轮岛受到了严格的保护，即开采和制作由政府统一进行，制作完成之后，再分配给各个制作工坊，并且严禁将硅藻土带出轮岛市。

漆器之序：
历经 120 多道工序，是绝不允许速成的慢工

漆器文化起源于中国，在公元前 200 年左右流传到日本。而在日本全国众多的漆器产品中，唯一被国家指定为重要无形文化遗产的漆器就是轮岛涂。

很多人拿到漆器的第一个感觉，就是分量比想象中轻很多。这和漆器的制作方法有关。

打磨光滑的木碗交到涂师手里，开始涂刷生漆。第一个步骤叫"下地"，即为打底，是决定轮岛涂是否强度高、结实耐用的关键工序。必须用专门的工具耐心地、均匀地上漆。据说10个学习打底的学徒中，只有 1 个可以达到合格。

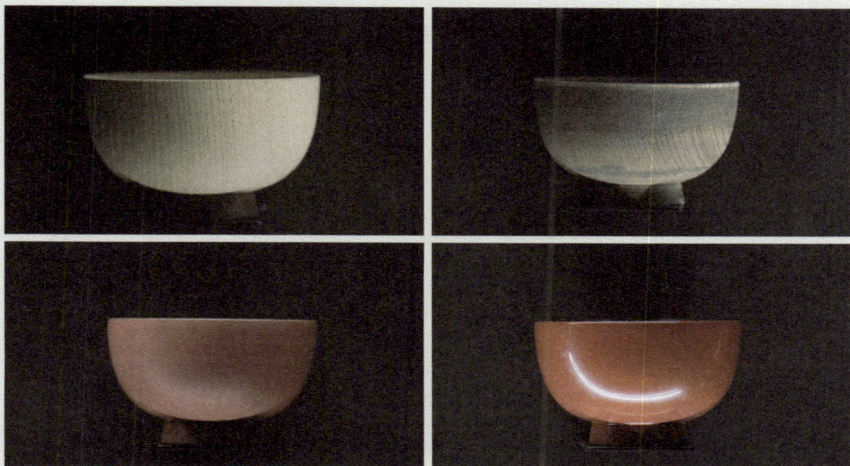

　　打底之后，要用麦糊或米糊与生漆等量调拌成麦漆，摊平在工作台上，将麻布糊在麦漆上，麻布上再刮麦漆，使麦漆极为均匀地浸透正反两面的缝隙。然后，挑起浸透麦漆的麻布绕在碗口，并且预留出多余的部分，用手指处处按实，再用刮刀刮去余漆，入窨等待干透，削去多余麻布，再刷一遍漆，待干固后用磨石研磨，分别称"惣身付"和"惣身磨"。研磨之后的表面细腻光洁，如此反复四五遍，才算完成打底，需要费时 3 ～ 4 个月。

　　进入中涂阶段后，就会用到硅藻土制作的地粉了。由粗到细，跟生漆混合，用刷子涂抹到器物表面，之后则用浚河木炭打磨，打磨时如果出现黑点，说明这里有凹洞，要用漆料补过再重新打磨，如此反复约 3 个月，直到没有瑕疵。

　　到了上涂阶段，必须在封闭的无尘室内进行。工作室内只留师傅一人，即使是在炎热的夏天，上涂时在工作室也要关掉空调，为的是减少空气流动，避免带起灰尘。

| 打底 | 贴布 |

| 削布 | 刷地粉 |

　　说到工具，这里必须提到轮岛的另一项著名特色：海女。

　　海女就是在海里捕捞鲍鱼、海胆的女子。她们的头发质地柔顺、富有韧性，上涂阶段使用的刷子就是用她们的头发制成的，不容易留下刷痕。

　　涂上厚厚漆料的半成品要放在特制的旋转机器中，以免漆料滴落不均，机器每15分钟旋转一周，转上24小时后，静置7至10天，同时加温以加速漆料凝固，也就是通常说的干燥。

　　最后一道涂抹工序，大体包括妆涂（日语叫"涂立"）和推光（日语叫"吕色"）两大步骤。妆涂，是面漆的最终完成阶段；而推光，是用专门的研磨炭反复打磨器物，使器物表面平滑平整，并且要在打磨过程中再不时加入一些漆料。

最后，再用人手柔和地进行摩擦。此时，漆自身特有的深沉亮丽的质感就会浮现而出。

整个工序全部算起来，共有124道，即使是最普通、最朴素的一只碗，也需要花费一年的时间，在此基础上方可进行莳绘和沈金等工艺装饰。当手捧一只轮岛漆碗时，人们会感受到表面的华丽之下，有一种令人赞叹的虔诚。日本作家谷崎润一郎说："我手捧盛汤的漆碗时，掌中承受汤之重量与温暖的感觉，甚感欢喜，正如支撑着刚出生不久的婴儿的肉体。"这也许正是对日本漆器充满寓意的解读。

莳绘和沈金：锦上添花的巧工

轮岛涂不仅坚固耐用，还因其精美的沈金和莳绘工艺备受称道。在日本漆艺中，沈金是轮岛涂独一无二的技法，也可以说是难度最大的技法。

沈金——先用非常细的雕刻工具在完成的漆器作品上一点儿一点儿刻出图案，再在上面撒上金粉的装饰技法。

| 莳绘 | 沈金 |

莳绘——在完成的漆器作品上先用笔描出图案，之后再在上面撒上金粉的装饰技法。

两者都极尽华贵之能事。

坂本雅彦与轮岛：从摩托少年到活泼涂师

轮岛这个地方，对年轻的坂本雅彦来说是出乎意料地好。当初会从京都来到这里，是家中长辈拜托了当地的师傅，让他来接受教导学习漆艺的。彼时的他，长发披肩，乐于跟朋友们骑着摩托车出外游乐。从学校毕业之后，他曾经做过一年"浪人"的生活，没有立即开始工作，也没有继续念书，但是出身漆艺世家的他，还是有一颗想要学习手艺的心。

　　坂本雅彦相信学习漆艺可以让自己安定下来。但是京都的漆艺师傅没有一个人接受他，因为他没有大学文凭。他正在沮丧之时，家里的长辈对他说："去轮岛吧，那里有你想要的。"

这个美丽的地方叫轮岛

来到能登半岛最北端的这个城市之初，坂本雅彦居然非常适应。他喜欢这里新鲜的海产，也喜欢这个常年吹着海风、人文气息浓重的小城市。

然而学徒的生涯总是很难熬的。轮岛的漆工房称为"长屋"，人前匠后，前面布置为漆器的摆放空间，后面则为匠人的制作空间。传统的拜师制度，让弟子们拥有强烈的信念："我是工房的弟子，不能给师门带来耻辱。"

如今，坂本雅彦已经从业近40年了，同样的涂刷动作，他重复了不知多少次。在他手中制作出来的，仅漆碗就有10万余个。但是现在他的每一个动作，都依然带着学成时的虔诚，技艺无止境，只有推向极致的努力。

跟坂本老师的朋友见面，他很神秘地告诉摄制组："坂本老师以前是一头长发。"后来我们有幸在老照片上看到了这个造型，配上摩托，果然很有朋克少年的风采。而现在的坂本，光头，精神，戴着一个红色的漆面耳钉，前胸正中别着一只猫头鹰胸针——同样是他自己做的漆器。猫头鹰很传神，也隐约透露出面前这个正襟危坐的匠人内心活泼的一面。

年轻时候的坂本老师

猫头鹰漆器胸针

做涂师的工作，每一天都是坐在同一个位置上重复着同样的涂刷动作。对于其他人，很难说这样一做就是 40 年会不会生厌，但是在轮岛做漆艺的匠人们好像从来没有思考过这个问题。对他们来说，一旦开始做手艺，就是一辈子的事情。学会了，然后一直探索，做到更好，没有止境，没有不能达到的"最好"，这似乎是一条没有其他选择的路。

有这样的信念很好，省却了很多彷徨中的游离，也不会在摇摆中浪费时间。

时间是很容易过去的，看看轮岛上的匠人们，一辈子好像也没有什么变化，不过这其实是需要很大的镇定力和坚持的。其实匠人的世界之外，一样有很多现实的事务。岛上从事漆器之外工作的年轻人越来越多，但是匠人内心还是保持着安宁，这似乎是他们自己圈子里规定好的法则。

除了每天雷打不动的工作之外，坂本雅彦在业余时间会保持他独特的活泼顽童般的心态。他延续着年轻时的锻炼习惯，每天健走10 公里，积极参加健走培训班，和朋友们开心聚会，热衷庆祝每一个节日。他的莳绘师妻子也说，下了班回家，他有时候会跟她一起

探讨某件漆艺作品的做法。对坂本雅彦来说，人生和漆艺是联系在一起的，这一点应该是不会改变了，而他也很乐于这样联结。漆艺曾经是他向往的技艺，他投身其中，也收获了满意的人生。这似乎是一个匠人最完美的生活方式了。

　　在轮岛，做漆艺的匠人们并没有变着法子省工换料，而是真正用心地专注于手艺，没有速成之法，一切都需要时间来完成。这样的环境、这样的氛围、这样的心态，才是手艺得以深度传承的关键。漆器是有灵魂的，在日本，没有任何其他类型的工艺会在制作时被倾注如此巨大的心力与时间。匠人用其一生的时间制作漆器，不觉间对生死也产生了切实的觉悟。手捧漆器，便可感受到柔和温润又坚定有力的质感，这正是漆器想要向我们传达的。

采访侧记

轮岛

摄制组的日本之行中，公认最美的一站就是轮岛。在《孤独星球》（*Lonely Planet*）"日本篇"的介绍里，它只占据了两页纸的内容。在国内的旅游网站上，更是见不到相关攻略。但当我们来到这里，马上就被它的美好打动了。美丽的海岸线、清澈的海水和透明的空气，城市有城市的整齐，乡村有乡村的安详。

住处安排得比较偏僻，从市区回到住宿地的过程就是一条绝佳的旅游路线，一路路过高级温泉酒店、晒盐场、小小居酒屋。有一处叫作"白米千枚田"的地方，海边的坡地是蜿蜒的梯田，正是汪着水种下新苗的时节，我们在那里看到了平生见过的最美的落日。

公路边的观景处，站着一排端着"长枪短炮"的摄影爱好者，这阵势对于习惯身处满满人群环境中的我们自然不算什么，但在当地……要知道，这个小城一共只有区区3万人口。这个数字，用同行的北京小伙伴的话来说，"连个体育馆都坐不满"。我们就挤在那里，呆呆地看着调色盘一般的天空，由赤红一层层染成玫瑰色、粉红色，接近海面的地方则有青、蓝、紫各种杂色，景色瞬息万变，如同魔术。我们就像在魔术师面前受到迷惑的孩子，直到天完全黑了，才慢慢苏醒过来。最奇妙的是，这样的景象完全无法在镜头里记录下来，只能用肉眼，才能分辨出这样莫测的绚丽。尤其是想到轮岛距离中国那样远，没有直达的航班，也不是旅游首选地，估计这辈子大家都不会再来一次的时候，越发感到眼前这些景色大概可以成为此生绝唱了。

作为普通旅行者怎样体验漆艺？

在轮岛，欣赏轮岛涂的最好地方是石川县轮岛漆艺美术馆，它是世界唯一一座专业漆艺美术馆，也可以去轮岛涂会馆，更详细地了解轮岛涂，这里集中了多家工坊的产品，喜欢的话可以随时带回家。如果想亲自体会它的魅力，就可以去轮岛工房长屋，预约一间喜欢的涂师屋，亲手体验传统工艺。如果只是想随意逛一逛，那就去有名的轮岛朝市，这是有百年以上历史的朝市，也是日本著名的三大朝市之一。市场上会有价格高低不一的漆器，大可以根据需求自由选择。偷偷讲一下，轮岛朝市是少有的可以讨价还价的市场。

第四章

团扇狂人
的碎碎念
——手工团扇匠人李晶

因扇起源于何时已不得而知，但至少在汉代就已
经存在。西汉才女班婕妤就曾作诗云："新裂齐
纨素，皎洁如霜雪。裁作合欢扇，团团似明月。"
中国人喜欢以圆形象征团圆，人们因此又把此种
扇称为"团扇"，大意是以丝织品制成的凉扇，
形状如同一轮皎洁的满月。

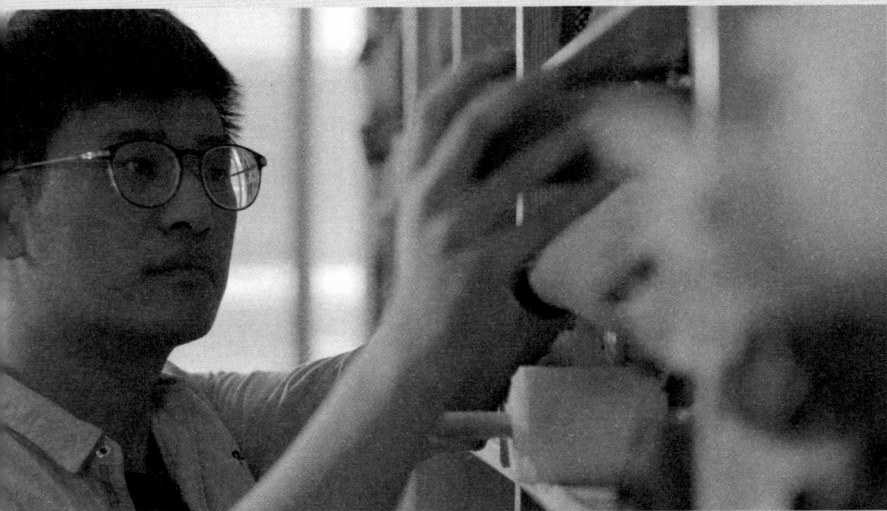

　　李晶，手作团扇设计师、制作者。

　　本科念的管理，研究生又读设计专业，最终选择了做一名手艺人。

　　李晶热爱京剧昆曲，又酷爱收藏老件，老银、老绣等，一应杂件收了不少。其中就有一些团扇的扇骨，这些扇骨工艺精良，材质考究，但是空空荡荡的扇面却使之失色不少。为了不让明珠蒙尘，于是他就将自己学成了一名手艺人。

　　苏州大大小小的园林在姑苏区星罗棋布，无论是大是小，皆是规规矩矩、精巧绝伦。在吴趋坊附近那些充满市井气息的民居中，隐藏着一座精致且名声显赫的园林——艺圃。

　　说起这座连名字都非常文艺范儿的园林，就不得不说它曾经最有名的主人——文震亨。文震亨是晚明人，曾祖父就是大名鼎鼎的江南四大才子之一文徵明，虽然文震亨名声可能没法儿和曾祖父相比，但是他很好地传承了家族的文学底蕴，并且将晚明文人的雅趣都录在了《长物志》这本书上，同时也留在了这座他所热爱的园林里。

　　艺圃最妙的便是入门那一小段曲径通幽的走廊，粉墙黛瓦高耸着，墙壁上攀附着绿藤，初夏时分，一片浓郁的绿色，煞是好看。生出来的藤蔓把光影切割成碎片随意铺洒在地上，斑斑驳驳。难怪纪录片《园林》和电影《柳如是》都对这条小巷情有独钟。再往里进景色便豁然开朗，可以见到园林里的湖水，四周假山植被，亭台轩榭错落有致，于严谨中透出点儿俏皮。其中，响月廊的景致尤为独特，雪白的墙壁上有一个长方形的窗户，对面有些发灰的墙壁边上种着几丛竹子，几样最为寻常的物件在巧妙的搭配下竟然成了一幅颇有诗意的文人画。

　　在艺圃附近住着一位同样文人气十足的"85后"团扇匠人——李晶。这个清秀儒雅的"85后"年轻人，待人随和，谈吐幽默，有着他这个年龄独有的活力，却又与古韵温婉的姑苏城相得益彰。尚古风、通诗词，李晶是个不折不扣的古典派真文青。看着他那些团扇，仿佛能见到风流的姑苏城内，扇面后掩笑着的如月佳人。

爱上团扇是从昆曲开始

十几年前，李晶还是个懵懂少年，有次看电视，是少年人普遍不太感冒的戏曲——"春秋亭外风雨暴，何处悲声破寂寥。隔帘只见一花轿，想必是新婚渡鹊桥"，一身婚袍的旦角正在唱着《锁麟囊·春秋亭》。

"我记得演员一身红，很喜庆、很华丽，感觉挺有意思。"一眼就像在心头种了一棵树，慢慢生根发芽、花团锦簇，一发不可收拾。

这份对戏曲的热爱贯穿了李晶的少年时代，直到大学期间，他跟随浙江京剧团的叶盛华老师真正学起了戏。

那正是他世界观正要定型的时候，戏曲是一名循循善诱的老师，带来了许多意外的收获和感悟。

李晶说："老师是我戏曲艺术方面的导师，也是我为人处世、待人接物的榜样。"中国的传统艺术与传统文化有着一脉相通的精神内涵，作为老一辈艺术家，盛华老师举手投足间都深深浸染着传统艺术文化的心性和态度。

"梅派京剧讲究的是中规中矩、圆润内敛、大方自然，这是对艺术语言的审美，也是对我生活点滴的潜移默化。"

除了老师的从容不争、谦虚恬淡对他的性格有积极影响之外，对"美"的把握，以及对"雅"的追求，更是给他后来的团扇设计提供了原始冲动。

爱一样东西，爱着爱着就痴了

醉心戏曲的李晶完全入了迷。

戏曲艺术包罗万象，武术、舞蹈、音乐、诗词、道具、服饰等等，他竟一一投入研究。

也正是这份对戏曲的热爱，让李晶接触到了传统手工艺。

旦角戴的头面，传统是用点翠做的，接触后才知道，为什么用翠鸟的羽毛能做得如此美丽，感觉很神奇。

就连研究生的毕业论文，学习设计专业的李晶选择的也是跟手工艺有关的论题——《论海派京剧服饰的特征》。

那时他看到演员用的扇子道具，很精致，慢慢接触深入了解后，李晶便喜欢上了扇子。

李晶在学生时期就用节省下来的生活费，买了一件点翠首饰，这是他的第一个收藏。

"喜欢点翠和其他传统物件很长一段时间了，早已经动了心思，因为自己也是第一次收藏，心里没把握，琢磨了很久才鼓起勇气收了这件。值得庆幸的是，物有所值。"

"收藏"这件事，就是现在爱说的"新世界的大门"，大门一打开，精彩纷呈、眼花缭乱。这种幸福感外人是无法得知的。

李晶至此开始了漫漫的收藏之路。

收藏，除了"磨破嘴、跑断腿"之外，用度也是巨大的。他平时省吃俭用，加上压岁钱，总之所有的"私己钱"都会存起来，用于购买收藏品。

　　渐渐地，点翠、老绣片、老银片、老扇子收了不少，但和很多古件收藏者不同，除了"藏老"，李晶也看重"纳新"。

　　面对收来的许多破损的扇面和空空的扇骨，惜物求美、学习设计的李晶萌生了修复老扇的想法。"刚开始会用老的物件来做扇子的细节装饰，后来便尝试将一些新的工艺、新的物件融入老扇的修复中，自己也会设计一些装饰。"

缂丝与团扇

　　在一次收藏中，李晶遇到一把团扇。这把扇子，只有扇框、扇骨，没有扇面。李晶想找一位师傅修复，可找了很多人都直摇头："这是少见的缂丝扇面，做不了。"缂丝？一个崭新的词，就这样贸然闯进他的生活。

　　自古以来，团扇虽只是闺阁小物，却也包罗万象，各种传统工艺都为它服务过，扇面那一小方绫罗绸缎更是极尽匠心之能事。

　　匠人们将不同的工艺与材料结合，展现不同的构思，扇面虽小，心意无穷。缂丝扇面的图案主要依靠缂丝制作，但缂丝并不是去仿照古代画作，而是从中展现缂丝本身的独特，像一支带着主人气息的画笔，工笔泼墨都是手段，主旨是表达自己，而不是"咔嚓咔嚓"的数码相机。

　　缂丝并非真用刀来雕刻，而是以生蚕丝为经线，彩色熟丝为纬线，采用通经回纬的方法织成的平纹织物。这种织造方法，会在花纹与素地间形成镂痕，好像刀刻痕迹一般，所以又称刻丝。而且，每换一种颜色就必须另用一只小梭，织造一幅作品，需要变换数以万计的梭子。工艺复杂，极为耗时，因此有"一寸缂丝一寸金"之说，以前只有皇家贵族才能享用。

晚清时期，缂丝行业趋向衰落。改革开放后，缂丝在苏州慢慢恢复。因为昂贵，缂丝产品都出口日本。为谋求利益，很多不懂缂丝的人也纷纷加入，导致质量迅速下降，缂丝一下从"织中之圣"沦为大路货。日本不再订货，苏州缂丝从此一蹶不振。很多老手艺人便就此放弃了这门手艺。而随着一位位老手艺人的逝去，这门手艺更是一步步走向消亡。

缂丝代表中国丝绸的最高水准，
它是现在唯一不能被机器替代的织造工艺，
被誉为"织中之圣"

了解缂丝之后，李晶震惊了：老祖宗留下的东西，难道就这么完了？

年轻的他突然有了一种使命感，他决定静下心来学习缂丝手艺。他想以往的缂丝织物，太阳春白雪，不够实用。要传承，得找一个好载体。找什么载体呢？

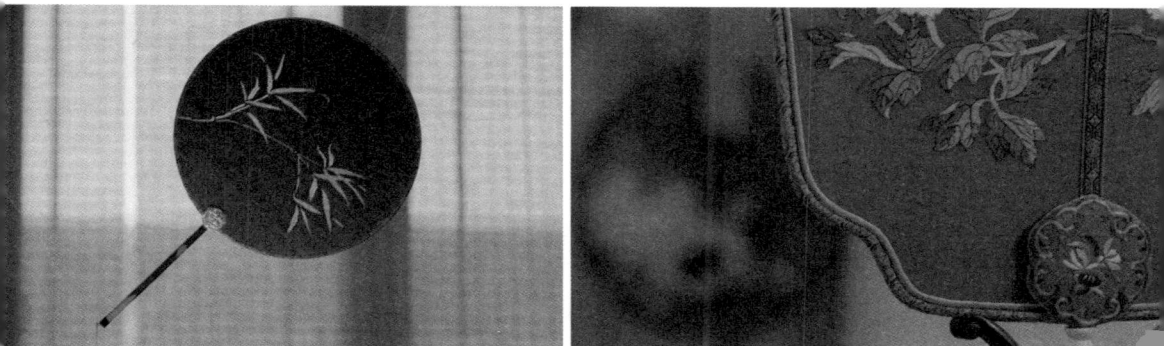

至此，他和团扇的不解之缘才真正开启。诚然，团扇是实用的，但缺少美感，何不把缂丝融入团扇中呢？既传承了缂丝工艺，又拾起了团扇失落千年的中国美。

这一结合，成品美得令人惊艳。询问购买者竟纷至沓来。于是，李晶决定专门做缂丝团扇。

画扇画皮难画骨

说起缂丝这些传统工艺，世人脑海里想到的，都是垂垂老矣的绣娘，孤独地固守着这个古老美丽却又濒临失传的技艺。

可是青年手艺人也应该有自己的责任担当吧！李晶这样想。

继承传统的同时，他还融合自己的设计理念。从画稿到配色，从单纯的"工艺"进化成了"设计师的工艺"，在团扇这样的"怀袖雅物"之上完美呈现，让这些传统的工艺有了实用性，也更符合年轻人的审美。

创新和改进无处不在，目前市场上的团扇工艺过于单一，在形式上不过是带包边的框，配上湘妃竹、云竹或是紫竹扇柄。其实传统中还有更多可以发掘的美，单就扇柄而言，李晶的扇柄多数采用竹质如湘妃、凤眼、梅鹿、紫竹、玉竹等，或者珍贵硬木；同时可以配合的工艺还有金银錾刻镶嵌、烙画、雕刻、结绳、大漆等等。就扇面而言，他除了缂丝也做刺绣，采用漳绒、宋锦，甚至老的绫、罗、纱等也都乐于尝试。单就一个扇坠而言，除了人造丝他也有更多的尝试，采用真丝配老物，玉器、翡翠、牛角、老银等，甚至一个多宝串都不为过，在审美诉求上他从不刻意压抑自己的创意尝试。李晶觉得，古老的缂丝不仅仅应该进入博物馆或者教科书上，更应该进入大众的生活。比起一味地保护，这样的传承更有生命力。

　　为了寻访老手艺，李晶移居苏州桃花坞一带。这里自古人杰地灵，手工艺相当发达。明中叶以后，全国经济贸易发达。江浙一带，丝绸、木器、紫砂、竹刻、刺绣、漆器、玉石、金属工艺等手工业欣欣向荣。

　　清代校阅《长物志》的学者伍绍棠指出："有明中叶，天下承平，士大夫以儒雅相尚，若评书品画，沦茗焚香，弹琴选石等事，无一不精，而当时骚人墨客，亦皆工鉴别，善品题，玉敦珠盘，辉映坛坫……"

　　后来，李晶又搬到苏州博物馆旁边的宅子里，并将此取名"嗜闲居"，此字典出明代高濂的《遵生八笺》："余嗜闲，雅好古，稽古之学，唐虞之训；好古敏求，宣尼之教也。"室内摆满手作团扇、缂丝布料、老织布机、老银饰品，很是雅致古朴，更是传递着超然物外的生活态度、天人合一的艺术思想和返璞归真的审美格调。

　　学习艺术出身的李晶，有自己执拗的审美追求。所有团扇的画稿设色，他都要亲自上手，他觉得全身心投入一件自己喜欢的事情，这个过程本身也是一种幸福。

　　李晶的工作室里，一把团扇的诞生，离不开细致的工艺，缂丝、藤编、打银、螺钿、雕刻、捻须……这些传统工艺都能在团扇上一一应用，李晶当然不可能学会所有的工艺，在他的工作室里，聚集了许多苏州的手工艺师傅，大家各司其职共同完成一把团扇。李晶作为工作室的主人，担任总监的角色，并且负责扇面、裱框这两个部分。

扇面：一寸缂丝一寸金

　　扇面上，李晶除了偏好缂丝，也多做些绫罗绸缎，如宋锦、漳绒等丝织品。李晶从宋人花鸟画中汲取灵感，将花鸟、鱼虫等题材绘于画稿，也有在其上题诗作赋的，为团扇修复注入新生机的同时又不失传统美学的韵味。长期的戏曲艺术熏陶和收藏鉴赏之路，塑造了李晶个人独特的审美风格，特别是梅派京剧中的典雅大方、儒雅端庄，以及昆曲的浪漫飘逸，早已融合在他的一丝一扣中。

要在扇面上织出宋画的神韵，非缂丝莫属。这种古老的织造工艺以生蚕丝为经线，彩色熟丝为纬线，纬线并不横贯全幅，而仅在需要处与经线交织，正反两面如一，在不同色彩的轮廓之间并不相连，悬空背光观察可见点点孔隙，色与色之间呈现一些断痕，有如以刀镂刻而成。缂丝能自由变换色彩，因而特别适合制作书画作品，可以模仿出书法的效果。曹雪芹就极爱缂丝，《红楼梦》中描写的服饰大量都是缂丝制成的。

正因为缂丝如此完美，所以有时候遇到喜欢的缂丝片子，李晶都珍藏在自己的老柜子里，合适的就用来做团扇。一般一柄扇子的修复和制作，李晶亲自负责扇面的画稿手绘和其中的装裱工艺，他把稿子描绘下来，再请苏州老师傅帮忙制作缂丝片子，绘画时得按照缂丝的制作工艺来画稿子，和一般的描稿有较大差别。然后去配线，配好线后再送去给缂丝师傅制作，制作好要自己修理线头。熟练的缂丝师傅做一片也至少需要两周的时间。有时候遇到好的料子，李晶总是迫不及待地想把扇子做出来，他笑言哪怕睡觉也会辗转反侧，就像热恋的情侣一般，希望能尽快见到对方。

在李晶看来，扇面不是图案的花样越复杂就越适合做团扇，就算找到了图案精美的扇面，也很考验构图能力，一寸之差，整个扇子的味道就不一样了。

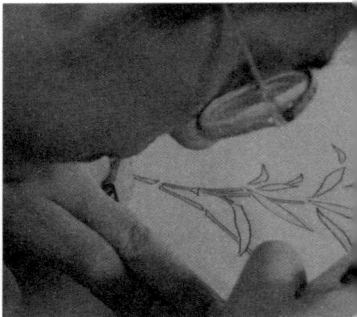

　　除了缂丝，像漳绒、宋锦，以及有些老派的绫、罗、纱等材质，李晶也都乐于尝试。一些残破的扇面，如果单纯修旧如旧，残破的扇面无法恢复原貌，所以李晶更愿意把自己收藏的刺绣布匹老料用作扇面，这样的效果很多时候都比修复前的效果更好。一把团扇，融合了书画与刺绣两种美，一可欣赏，二可把玩。

扇框：一把扇框数层功

　　李晶常说，扇面之美只是其一，扇框、扇坠也很重要，它们本身就结合了诸多的工艺，要求一向严苛的李晶，在修扇制扇的过程中会仔细把好关，每一道工序，他都找最好的手艺人来完成。与手艺人切磋时，他也常常会萌生新的想法，把传统的工艺与题材延展到现代的精神和审美中来。

　　团扇的扇骨，李晶不仅仅使用湘妃竹，也挑选紫竹、凤眼、梅鹿、玉竹或罗汉、象牙等材质，都是精选的好料。起初，李晶在修扇的过程中还会加入自己收藏的老物，像点翠、老银、老玉来做装饰；渐渐地，他发现可以同时配上的工艺还有金银錾刻镶嵌、烙画、雕刻、结绳等。为了呈现更好的效果，他可以不计成本，挑战更多的尝试，选用多种多样的材质。这些在李晶看来，与利益无关，仅仅是为了他心中之美、心头所好。

　　敷面用的糨糊，和儿时祖父母裱春联时熬制的一样，也得自己捣，用温水倒在白面上，在水分渐渐蒸发、泡泡"咕嘟咕嘟"冒上来的时候，

为了防止产生面疙瘩，得用筷子或柄勺不断搅动方才成形。糨糊本来是可以吃的，只是夏天容易变质，李晶做团扇用时，还得放些防腐剂。

之所以用糨糊而不使用传统的胶或者化工胶，是因为胶虽然黏合力强，但糨糊却含有充足的水分；之所以不直接选用市场上就有的糊精，是因为糊精稀薄，糨糊厚润，有调节的余地。

裱好缂丝扇面，薄丝附着在竹框表面上，还有黏着的痕迹，不甚美观，得为它再包一层宋锦的织边来装裱漂亮。扇框的内外径不一，织锦在翻边时，根据材质的不同，也有一定的伸缩比率，这就更需用到糨糊厚润的特性，否则从里往外翻时，是会翻不过来的。

李晶却是从里往外翻的，他说，相较于从外往里翻，这样既平整牢固，也不易起皱。再者，遇到伸缩率小的，也不会起毛脱线。当然，从外到里也好，由里到外也罢，说的都是全包边的；还有半包边的，也就是内外径贴上竹条的。有的人偏好厚笃，或是要控制成本，便选择半包边的，相比之下，全包边虽然古朴轻巧，但也有织料不能胜任的，比如机织的万字锦料，轻薄便难以翻折，用手织宋锦来改进，倒可以施行，可这一来二去，造价却又水涨船高了不少。

就团扇制作而言，包边与糨糊的切入面很小，但足以想象每道工序中所暗含的细琐与门道。仅仅一条在外人眼中不值一提、甚至视若隐形的包边，都还未细述周全，管中窥豹，可见即便是轻罗小扇，在制作工艺上也须严整以待。

文化底蕴深厚的姑苏古城云集了各种工艺的民间手艺人，为李晶的团扇修复和制作提供了得天独厚的环境，他们的绝活儿都可以被李晶利用起来，施于扇子之上。如今的"嗜闲居"，云集了十几位各种门类的高超手艺人，李晶就负责扇子的整体把控，他早已从单纯的"工艺修复"进化成了"设计创造"，在团扇这样的"怀袖雅物"之上呈现传统的工艺，使之有了实用性，得以传承。

在李晶看来，传统是个大宝藏，而团扇是很好的媒介，它融合了十几种传统手工艺。把团扇的修复和制作坚持下去，也是在发扬这些传统工艺之美。他痴于此道，也乐在其中。

实用才是最好的传承

李晶认为，古老的缂丝不仅仅应该进入博物馆或者教科书上，而应该进入大众的生活。比起一味地保护，这样的传承更有生命力。这也是我们传统手工艺让人欣慰的曙光。

针对目前传统手艺逐渐失传的窘迫现状，李晶还是持比较乐观的心态的。目前的大环境正在逐渐好转，政府和消费市场对传统手工艺的关注也在升温。当然，中国与欧洲、日本手工艺行业的距离还是很远的。

本科学习管理的李晶认为，手艺人在审美水平上要不断进步，手工技艺上也需要精益求精，当然懂得经营运作也是不可或缺的能力储备。营销意识缺乏正是中国传统手工艺在和欧美、日本的较量上的一大短板。年轻的李晶不排斥手工艺市场商业化，横向比对国外，商业化的手工艺市场，才得以保证欧美制鞋、制表、私人定制业务几百年的长盛不衰。

传统手工艺行业的兴衰不是依靠政府协会筹资维护，将其送入博物馆纪念馆这么简单，玻璃框仅仅是死的艺术化石。先行的经济环境下，传统手工艺人就应该积极入市，商业化是传统手工艺行业自我解救的出路所在。当然，商业化不代表低级化、批量化，而是要创新改进符合现代人的审美及实用需求。

就团扇而言，老的团扇固然是好，但市面上能够制作全新的精工团扇的人还是非常少的。李晶新制一批团扇，使其可以进入一般人的生活，从审美和实用上贴近现代人的生活需求，这样才可以最大限度地保存传统手工艺的长久生存和持续发展。当然，对于目前流行的极简风，李晶的工作室也做了几款素雅简洁的团扇。

在这样的花花世界，年轻人有大把光怪陆离的娱乐方式，肯钻研传统手艺的少之又少。

手艺人、守艺人、售艺人，匠人就该满手疮痍、没有饭吃？这样的观念很可怕，凭自己手艺吃饭，不丢人，还很光荣。李晶对于自己所处的行业充满自豪。

他用一把团扇惊艳世人，刘雯、范冰冰都用过他的团扇拗造型。

他是李晶，他是姑苏城内的团扇狂人。

采访侧记

关于李晶

第一次见到李晶，他身上的江南气质就能一览无余，绵柔的声音，让人脑补出情侣之间耳鬓厮磨的情境。他是土生土长的嘉兴人，脸部线条柔和，戴一副黑框眼镜，干净利落的小碎发，衬衣配牛仔裤，手指上戴着市场上淘到的戒指。

关于苏州

关于苏州，曾有无数的憧憬。想象中的江南小镇，城中必有一江清水缠绵而过，还有别致的青瓦房临水而立。在没来苏州之前，记忆中的江南小镇都是湖南湘西凤凰古城的样子。

抵达苏州之后，对苏州最大的印象就是甜、绵、柔，苏州人嘴里说的不甜也是甜，若有人说这道菜是甜菜，那必然是极甜的了。苏州话很绵柔，男人说话很温柔，吵架都像是在谈恋爱，没有气势。连交警拦下违法的车，都是用和颜悦色的语气让司机掏出驾照。

关于山塘街

距离李晶的工作室不远就是山塘街。街边古运河环绕，一条小家碧玉似的溪流，自脚下蜿蜒而去。不远处桥边有一对拍婚照的情侣，本是清晨，却是如此热闹。

溪水从两岸精致的宅楼间流过，远处的小桥流水，游人自岸边嬉戏，近处小舟上的船家撑起长长的船桨。宅楼被改造成各式各样的客栈、酒吧等等，家家挂着灯笼，仿佛置身于现在和古代时空错乱的年代中。

关于嗜闲居

李晶的新工作室在苏州老城区的一个小巷子里，取名为"嗜闲居"，同时也作为自己的住所。他觉得能将生活和喜欢的事情融合在一起是种

很美好的体验，所以他也很喜欢那种起床之后马上就能转战工作室的感觉。

　　新的"嗜闲居"还在装修，门口的小庭院地板砖还没铺完，接待客人的大堂一面挂着李晶最喜爱的团扇，一面摆着各种各样的小物件，这些都是他一件件从古玩市场淘来的。这些老物件，每一件都像小孩子一样，被李晶守护着。

关于《牡丹亭》

　　说到昆曲，李晶的眼睛都在冒光，他能唱昆曲《牡丹亭》也能唱京剧《玉堂春》，偶尔还能来一段京剧《长坂坡》。拍摄之余，摄制组同事和李晶相约晚上一起去看一场《牡丹亭》。

　　夜晚的山塘街非常热闹，古街旁都是摆摊的夜市，游客如织，空气中都是烧烤和啤酒的味道。待到天色渐暗，山塘昆曲馆便开演了。昆曲馆门口贴着今日的剧目，依旧是最经典的《牡丹亭》。不过和我们不一样的是，李晶担心和上次来这儿看戏一样，演员没带妆就上台了。

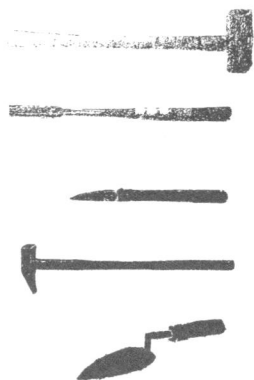

第五章

修复残缺的神奇魔法

——中国金缮第一人邓彬

金缮，从字面上来说就是以金修缮，用天然的大漆黏合瓷器的碎片或填充缺口，再将漆的表面敷以金粉或者贴上金箔。器物的伤口上像是熔了些许的金子，有缺陷的部分被突出，但并不突兀，甚至还会为原先的器物增色不少。它是日本的传统手工艺，我们发现它却是在无锡，对并非无锡人的邓彬来说，似乎这个有着浓厚江南文化底蕴的地方，更适合于这门手艺的精益求精，也更适合他其他手艺的自由生长。

邓彬，湘人。

华中师范大学版画专业毕业，2004 年来到无锡江南大学设计学院担任讲师。

他曾经穿梭上海莫干山路投身于当代艺术的创作，却最终止步于过分浓重的商业氛围。

2007 年，他开始专注于明式家具收藏和古家具修复研究，以此为出发点，他慢慢潜入中国文化的历史深处，一发不可收拾，直至 2013 年，邓彬邂逅金缮修复，并由此得到圈内外人士的一致关注与认同，他也成了目前国内从事金缮修复的第一人。

金缮的核心，在缮非在金。这是一种植根于东瀛的器物修复术，本质上属于漆艺的范畴。最近两三年，"金缮"一词被不断地推到大众视线中，受到越来越多的关注。这种工艺回暖的原因，恐怕是基于茶文化异样热潮的袭来：金缮所修复的绝大多数是茶器，无论是茶碗、茶盏、茶壶、瓷盘、瓷盒还是瓷瓶，皆是茶席上的元素，喝茶之人往往爱物惜

　　物，用惯了的物什若是碎了，总会惋惜和怀念，如果真有办法可以修补，自然会欣喜若狂。金缮，即因实现了人们的"器物复原梦"而大受欢迎。

　　无论何种材质的器物，金缮修复的部分都因耀眼的中性色而呈现出绝不违和的美感：书法般的线条沿着裂痕游走，半月形的边缘补缺呈现出抽象的意味。每一件器物的碎裂都是偶然而无法复制的，所以修复者在修残补缺中所投入的技术和巧思，更像是二次创作——这一点，在邓彬的金缮器物上有着淋漓尽致的表现。

用最贵重的物质修补残缺，
用最慎重的态度面对破裂，
用最隆重的仪式去接纳生命中的种种不完美

手艺活儿不离生活

无锡湖山风月皆好，人口不算太多，生活也算闲适。无锡的梅雨季，对金缮来说是再好不过的，因为器物的裂隙需要用大漆黏合，但大漆不易干，空气中如果湿度足够，则比较容易阴干，否则纵然风大日暖，于大漆却是无益。阴干需要等待，所以很多等待着金缮的物什被静静地摆放在邓彬的工作室内。这间工作室不大，就在江南大学校园里，共有里外两间。外间用来教授课程、制作版画。邓彬的作品摆满了一张张工作台，墙上也悬挂着许多：穿着民国服装的披头士、荆轲刺秦王之后被砍下的头颅、无相的美人……有的是用咖啡调色，有的是用油画笔蘸了国画的墨，在墨汁里调入糨糊，为达到一种生涩的、看起来"很钝"的效果，总之是和传统的做法加以区分，试验着新的玩法。

邓彬说，做版画，制版的时候对技术要求特别高，会训练出一种专业性，使你今后无论做什么都会很细致，这种能力也成了自己练就其他手艺的基本功。并且，这样的细致也让邓彬和无锡特别投脾气："细致好像是江南人的特质，我来无锡的第一印象就是如此。哪怕是极不起眼的事情，无锡人都能做到很极致。"

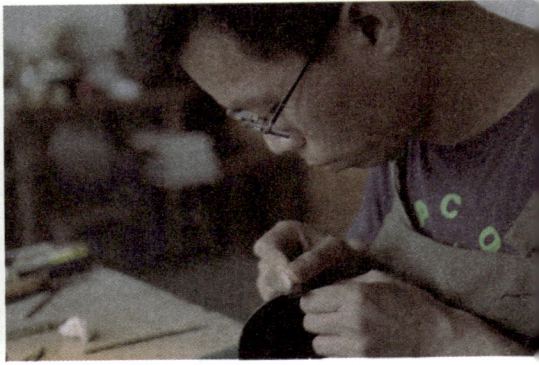

　　工作室里间的陈设相对个人化，也更为古朴，大到家具小到茶具，或做或修，都有邓彬亲自动手的痕迹。

　　一进门左手边是一个看上去有些年头儿的竹制书架，也出自他手：四条腿用的是农夫的锄头柄，横档是夏天用来隔蚊帐的竹围，侧山用香妃竹，层板则是拆了一个老柜子。材料都不昂贵，但凑齐却花了 3 年时间，之所以寻老料，是因为独爱这样的岁月痕迹，经年之美。

　　工作室里有整整一面墙，是在普通办公室常见的那种放档案文件的铁皮柜子，应是学校的公共财产，和整体的气场略显不合，但里面放的却是金缮后的器物。数量有几十件，有些虽曾在邓彬的微博和报道中见过，但实物总能更显物件原本的光泽和存在感，因此也更为惊艳。

　　金缮的部分因器物本身的不同，所呈现的美感也风格各异：深色碗盏上黏合碎裂的金线，像是划破黑夜的闪电；浅色杯碟上的金线，像是在阳光照射下变成金色的流淌着的小河；杯口碗口的补缺，多是不规则的半圆形，和黏合裂缝的线条组合在一起，像是漂浮的荷叶。一件件看过来，似乎在邓彬的手中，将"金"用在对任何材质的修缮上，都丝毫不显违和。

　　邓彬说：喜金，大概是人类的天性

工作室另一侧的工作台下，尽是没有拆封的快递包裹，粗粗数下来得有数十件，都是些等待他金缮的物件。"如果不是做金缮，恐怕不会有如此多的好东西在手上停留这么久。"邓彬说，这就是金缮给他带来的附赠品之一：可以在修缮的一个月左右时间里，对好器物细细端详，鉴赏力自然日益增长。

请邓彬用金缮修复的绝大多数是茶器，茶盏、茶壶、公道杯等等。他说，金缮较修复古代家具和版画让他得到更多的回应，这和茶文化在现今的热度密不可分，可见手艺也还是要和更多人的生活发生关联才能更好地存活。毕竟不是谁都有古董家具，但好一点儿的碗盏、茶具总还是会用到的。当然，金缮传递的这种现代审美可以在现今被我们的文化接纳而没有隔阂，也还是审美多元化的结果。

工作室的一张明式的榉木八仙桌是邓彬几次厚着脸皮求朋友让给他的。第一次见到这张桌子是在邓彬朋友的新家中，虽然有残缺，但是这样优秀的圆包圆榉木桌实在不多见。当时邓彬就请朋友让给他，但是朋友也喜欢，没舍得。过了一段时间，邓彬再次央求，朋友实在熬不住才答应给他。这张桌子的桌面有条宽大的裂缝，用生漆填充成了黑色，看上去就像是一条流淌着的大河，平添几分粗犷之美。邓彬说，入手这张老桌时它的状况很糟糕，整个桌面起伏变形，弯曲得像是大海的波浪。矫正平整后，裂缝就存了下来。按照他以往修复家具的方式，应是找来年份差不多的榉木，填补时以尽可能接近原貌为好。但就是因为接触金缮，改变了他面对残缺的态度，于是选择用大漆，反而使伤口更加突显，并以此为美。

对于家具修复，邓彬已经有六七年的经验。因喜爱家具，对他来说，修复本身并非目的，而是用以研究家具的极好的切入点。通过对家具的拆卸，能开辟一条揣摩的路径，可以让自己理解得更深、更快。"家具修复中有大量的工艺与大漆相关，如果不去研究漆艺，在研究家具的路上就会留下很多空白点。"

邓彬与金缮结缘于 2013 年，那时他偶然看到大英博物馆展出的一件经金缮工艺修复的南宋龙泉窑花瓶，深深为其精妙而惊叹。"我觉得很酷，一下就被吸引了，所以下定决心要去钻研金缮这门手艺。"

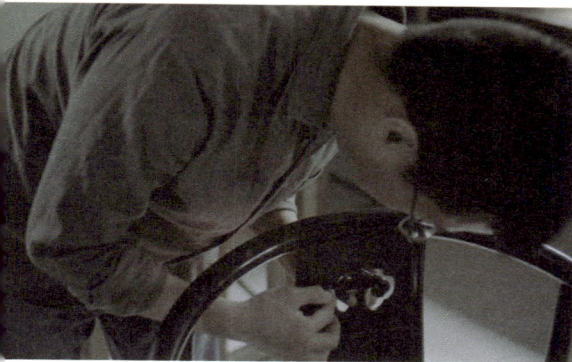

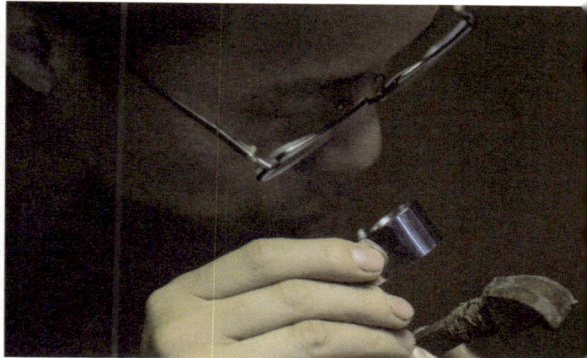

不在中国的漆艺

金缮，从字面上来说就是以金修缮，用天然的大漆黏合瓷器的碎片或填充缺口，再将漆的表面敷以金粉或者贴上金箔。器物的伤口上像是熔了些许的金子，有缺陷的部分被突出，但并不突兀，甚至还会为原先的器物增色不少。

这门手艺的出现是基于对残缺的崇拜，用金，也就是最贵重之物修补残缺，意在表达一种面对不完美时的姿态，坦然接受，精心修缮，而并非试图掩盖。

它是日本的传统手工艺，我们发现它却是在无锡，对并非无锡人的邓彬来说，似乎这个有着浓厚江南文化底蕴的地方，更适合于这门手艺的精益求精，也更适合他其他手艺的自由生长。邓彬说："江南传统的积淀在这里体现得很明显，而且随处可以见到古代文化的痕迹，这里的土壤对我有很大影响，让我有空间可以做自己真正想做的东西。"

金缮在本质上属于漆艺的范畴。正因为这样，也有一说将它认祖归宗在漆艺的源头——中国。实际上，我国用以修补陶瓷的传统方法是锔钉，所谓"没有金刚钻，别揽瓷器活儿"，讲的就是这种手艺。锔活儿也分粗活细活，一类是走街串巷的手艺人挑着担子吆喝着上门修补破损的碗碟，是为节俭而不追求美观，工艺略显粗糙，但肯定耐用。另一类则是专门修补大户人家的观赏瓷或紫砂壶，因物件本身就不完全是实用器，价值多在其艺术功能上，修补的手艺也就更要求精致，遇到独具匠心的手艺人，甚至还会使修补后的器物增值。

尝试金缮的独角戏

说做漆艺要"下决心"一点儿都不夸张，和其他手艺不同，有着很大的风险。它所用的原料天然大漆，是人工割取的漆树汁液，极易引起皮肤过敏，也就是老师傅们常说的被大漆"咬了"，轻则红肿发痒，重则会有生命危险，而要做漆就没有不被"咬"的。

邓彬的父亲恰巧就有过这样的经历，当时是部队的野外拉练，

士兵捡了树枝烧柴，没想到偏巧是漆树的，因大漆过敏不一定需要皮肤接触，呼吸、毛孔都可以是过敏源的通道，于是在场的所有人都发生了过敏。父亲把过敏的情状形容得十分可怕，这给邓彬留下了很大的心理阴影。

　　邓彬犹豫了3年，最终还是觉得这条路是必定要蹚过去的。第一次尝试是对自己的器物下手，邓彬相中了一只元代的龙泉碗，出土时就已经破损。尝试是从摸索最基本的原理开始的。比如用"金"，一开始他选择把金粉掺在大漆里，结果黑乎乎一片，完全没有金的感觉。他一开始以为是用的大漆不好，反复换了很多地方买漆，都不对，最后他还是受到了传统漆器的启发才恍然大悟。"我们古代的漆器基本都是黑色和红色，因为大漆本身颜色很暗，只有朱砂才能覆盖大漆的颜色，或者干脆加入木炭粉、铁粉，形成黑亮的颜色。金粉根本无法遮住漆的本色而呈现出金色，所以只有贴金箔或者上金粉。"他还发现，金缮必用真金，用铜或者任何代用金都无法媲美真金的色泽，只要拿在手上一对比，非金的作品就会瞬间黯然失色。

贴金的方法可以在书本上找到记载。但在贴金前，大漆将裂缝黏合后需要晾置多久才能开始贴金是个大问题。大漆干燥的特性俗称"阴干"，需要空间里有足够的湿气。温度越高，越是吹风，则干得越慢。梅雨季的无锡对此再适合不过，因此，一入梅雨季，邓彬的工作就可以速度加倍地推进。

梅雨季没到时，邓彬会选择把已经上完漆的器皿封闭在储物柜中，旁边放上湿毛巾，以维持环境的湿润。感觉它差不多快干了，就每天用手轻轻掰一掰，大概两周左右大漆会完全干透，而此时再贴金就已经晚了，贴金的最好时机其实是大漆将干未干时。找准了时机，接下来如何用竹制的镊子把金箔一片片贴得平整美观，没有

瑕疵，靠的就是手上的功夫了。

这只是对待一般碎裂的修补，但这只碗还有个缺口，用邓彬的话说，得"补一块儿肉"。他需要打磨一块形状契合的木胎作为骨架，原理很像是建造房屋时用钢筋支撑混凝土，再在周围补上大漆。第一步是用生漆调瓦灰，术语叫漆灰。在此基础上慢慢造底漆，之后是面漆，每一步都需要精细地打磨。

难点在于等待大漆干燥的漫长过程中这一步步的递进，都必须保证补上的部分不能有丝毫移动。"就像接骨头一样，要稳定住，一旦错位要打断重接，就不那么简单了。"最后用大漆调和桐油，称"打金胶"。桐油的干燥过程更久，以此可以拖延适宜贴金的时间，当然，这其中的比例，也是要不断摸索才可以得到的。万事开头难，完成这只碗的金缮，邓彬不知道用了多少个月。

成功地修缮了一件又一件后，邓彬开始把自己的作品晒到名为"石为云根"的微博上，最初的想法是盼望着吸引高手过招，可以互相切磋交流，结果不想成了独角戏，倒引来了很多生意。请他修缮的人源源不断，有的人以前摔碎了心爱的东西舍不得扔，留存起的碎片如今终于有了活路；有的人手头儿上虽没有要修缮的器物，也会来打个招呼作为备份；更有甚者，一个开画廊的广东人，太喜欢邓彬做的金缮，特意买了一个蓟州偏窑口的碗，自己打碎了再寄来修复。

不是技术是艺术

和普通的修复工艺不同，邓彬眼中的金缮不是一门技术，而是一种艺术，因为这需要修复师对于器物本身有一定的理解，外加厚重的美学与人文基础。多年专注于明清家具的修复，不仅仅让邓彬对旧时的器物产生了浓厚的兴趣，也培养了邓彬严谨专注的学术风格，这样的作风也让邓彬的金缮作品几近完美。

"修家具其实不是单纯为了修复一件家具，更多的是在修家具的过程中，拆开一件件家具的时候会感悟到古代工匠的巧妙用心。这不是一瞬间就能体会的，而是一个漫长的过程。"也许，探究古人造物奥妙之处的道路远远不止一条，不论是修复古家具还是金缮，终究会殊途同归。

每一件器物的破损都是无法预料的，有不少器物委托给邓彬的时候，是破碎成好几部分的，有些甚至缺少了一些部件，需要通过重新制胎来恢复器物本来的结构。通过金缮，可以使得器物重新恢复实用与美观。这种能让器物"重生"的创作，就跟书法家每一次落笔一样，粗细、顿挫都显得尤为关键，这时就非常考验修复师的绘画功底。在邓彬的金缮修复作品中，我们能强烈感受到其中的每一个步骤，都渗透着邓彬数十年的绘画功底，多年版画制作过程中积累的工艺手法，以及他钻研明清家具的感悟体会，这让邓彬的每一件作品都充满了艺术张力。

邓彬说，要感谢当下的互联网时代，没有这个时代，金缮所需的原料几乎不可能顺利得到。而他陆续把自己的作品放在雅昌艺术论坛、微博、微信上之后，收获了无数的粉丝与赞誉，有些是圈内人，有些人并不专业，但他们无一例外地被邓彬金缮作品所传递的独特韵味所打动。不少大咖主动来推荐，例如台湾主持人蔡康永和"美女画家"林夕，继而引起了更多层面的关注。他由此也接触到了众多收藏家和那些难得一见的稀世珍品。

有限制才能有自由

由于美术专业出身，邓彬会自然而然地将自身积累的审美运用到金缮的过程中，也从没有认为这单单是个技术活儿。但当他遇到一件日本高手所做的金缮作品时，其美感还是让他为之一振，给了他很多启发。

一对做日本高端茶道具回流生意的上海夫妇，货物运输中经常破损，贵重一些的就要送回日本做金缮，因而见过不少好的金缮品。他们来找邓彬时，除了一件请他修缮的德化窑花斛外，还带来了一件已经金缮好的陶瓷茶入用作参考。

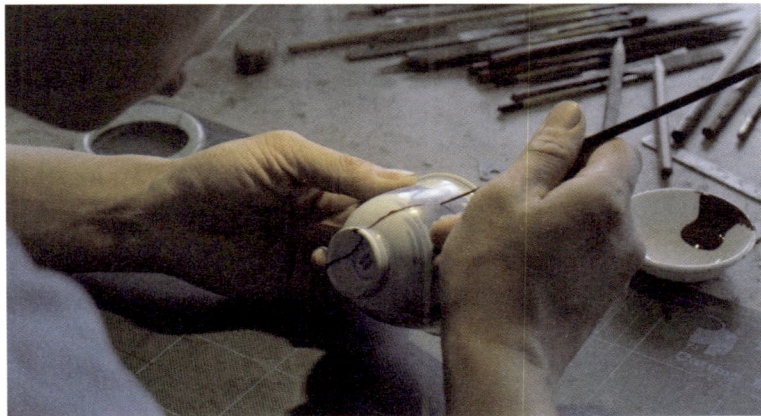

"修补的线条非常细。最关键的是，那条线还有弹性。"邓彬所说的线的弹性，是好比书法的笔画中所存的气韵。"线要做得漂亮，轻重缓急和停顿都要和器物有相当的融合度，以至于整体才能做得漂亮。"上海夫妇一直希望邓彬做的线能细点儿，再细点儿。事实上，金缮并不是线条细才为美，线的粗细和器物本身融合的比例更为重要。但邓彬说，线条细实际是技艺到达了一定精度的证明，是必须跨出的一步，就好像毕加索一定要画一些写实的作品，以封住那些说他只会夸张抽象的人的嘴。问邓彬什么时候才能画出自己心目中的气若游丝的线？他神情有些羞涩但话语很直接："我已经可以了。"

那条线出现在一个花瓶的瓶身上，因花瓶很高，所以金线从瓶口处向下延伸走了很长的距离，看起来只要稍一犹豫有所停顿，线条就会变得笨拙或者绵软。的确，邓彬给了它一些倔强绵延的力度，且没有拖沓。他说："就靠练。"就像书法的笔画，腕力足够掌控的时候，就比较容易到达。但想必这有气韵的线条，还和他多年版画专业的审美训练及美术功底有着很大的关联。

我们不难理解越是抽象越是难做，这种审美应用，意在用金缮为器物加分，而不是加料。"网上有很多人建议，能不能把缺口做成一只蚂蚱跳过去，或者做出一片荷叶。遇到这样的情况是很头疼的事，要么想办法解释、说服对方，要么就只能婉言相拒。"邓彬说，"它确实有很多艺术创作的成分，但不像是一幅画作那样突出。它是基于残缺的二次创作，但不能彰显自己，不能盖住器物本身的气质，我觉得这个挑战更大。破碎是你无法预计的，我又不能改变它的形状，而是根据残缺，做到极致。现实很有限制，但往往有限制才会有自由。"

偶尔，他也会做些比画好一条线更多的附加工作。比如一只发生了冲线的建盏，冲线的位置刚好形成一个90度的直角，他用了很细的金线做了黏合，物主非常满意，可邓彬怎么看都还是觉得不好。在手里把玩，发现茶盏内壁上有些釉本身开片的痕迹，于是就顺着纹路进行了描金，原本两条生硬孤零的线条就好像是两棵大树的枝干，各自生长出了一丛细细的枝丫，相互依偎，和建盏本身发出的暗淡的蓝光相映，就像是太阳刚落山后的一幅图画，构图更加丰满，但不累赘复杂。

很奇怪邓彬的金缮手艺如此尽心地精进着，又为何从未计划去日本找高手进行比较系统的学习，而是全部留给自己默默摸索？邓彬回答说："别人看我好像（做金缮）比较专业，但对我自己来说，这完全是一种兴趣，是玩儿。如果我想把它当成事业去做，或许会

镯子是扬州一位小姑娘送来的，
是她妈妈很宝贵的镯子，她想修复好之后再送给妈妈当作生日礼物

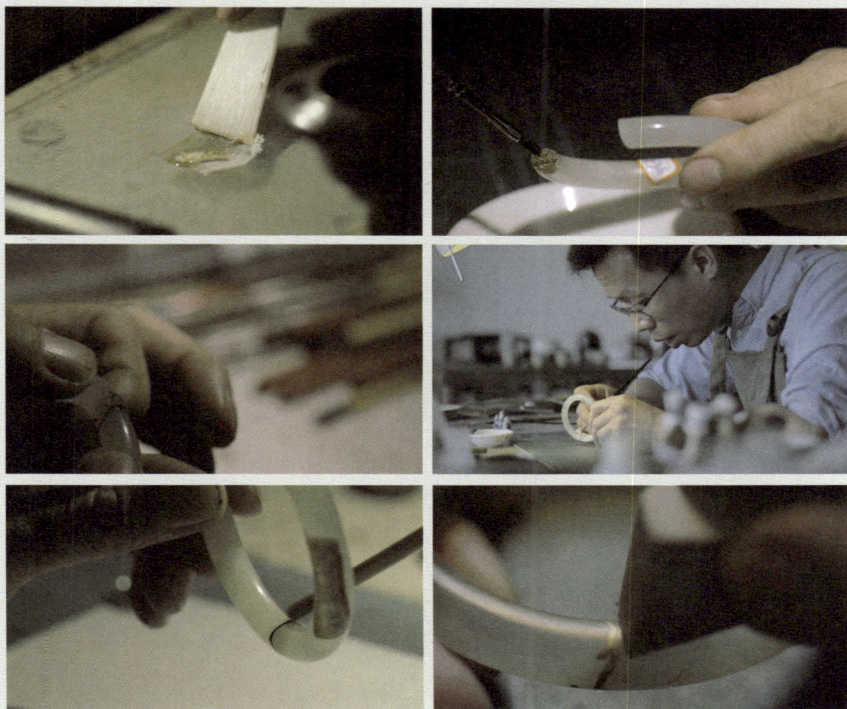

去日本学习，但就只是好玩儿。"他说自己家具修复的手艺也是自学的，享受的就是攻克未知时不断遇到的陌生感。"这些都是手段，是研究器物的方式，不是结果。"正因为这样，他在金缮上停留的时间究竟会有多长，他自己都不知道。"没有新鲜感，没有新的收获时，我可能就会停下来去做别的，尝试更有意思的事情。"

恪守着自己的玩法，他想把各种工艺尝试一遍。"漆艺里的戗金、描金都做了，现在还有嵌螺钿和剔犀、剔红没有做，太难了，所以放在后面。"所有他做的这些，都是几乎没有市场的个人化的东西，也似乎没什么人在玩儿。他把自己手艺的发展，或说是从这一门手艺延伸到那一门的过程形容成一种自我生长，就像一棵树，自然而然地生发。每走一步，都并不知道为什么会走到这一步，但每一步又都是下一步的必经之路。

用微博记录"修复日志"

如今，邓彬习惯将自己的作品晒到个人微博"石为云根"上，吸引了不少学生的关注，不少学生表达出强烈的学习欲望，这让邓彬很是欣慰。"年轻学生能对这门古老的技艺感兴趣，同时学会欣赏'不完美'的东西，我觉得这才是最难能可贵的。"

"传统是指我们祖先经过长年累月，通过各种各样的经验积累起来的文化命脉。传统有思想，有风俗，有智慧，有技术，有语言，不是个人所有，而是属于全民的财产，也含有历史和社会的性质。如果没有传统，无论什么国家也不能保有独立的文化。"邓彬的微博中记录着日本民艺大师柳宗悦的传统观，而他的身份也在此——传统工艺研习者。

相比于江南大学设计学院教师的身份，他在业内和网络更为知名的是以"石为云根"为名的金缮修复师。打开这个名为"石为云根"的微博，呼吸都会放轻，生怕会惊扰了里面的艺术品，一如他对它们的描述：

"雍正年间的青花大碗，气质恬静。

"当阳峪白瓷行炉，东西虽然不大，但摆在桌上有一种巍巍耸立的建筑感。

"南宋龙泉这样的釉色较为特殊，日本人称其为'米色龙泉'，淡淡的暖灰，很高级。不像今天的新龙泉那么一味想讨好你，它始终和你有距离，但又不远离你。

"宋湖田窑酒盏托。今人贵茶盏而轻酒盏，盖因今日茶道盛行所致。殊不知在古代有些场合必须有酒，比如苏东坡乘小船去游赤壁，没酒怎么行？江上之清风，山间之明月，面对这样的景色，手中有酒才不会辜负。"

这些大碗、行炉、香炉、酒盏托有一个共同的特点，精巧的身躯上攀着细致的细线，这就是"石为云根"的金缮。与其说这是种修补，不如说，是一场救护。在他的近千条微博中，有超过半数是经过他的金缮"死而复生"的作品。

邓彬说：重拾破碎而不失尊严，抚平伤痛却有新欣喜。但愿生活中的诸般不美好皆可以温柔对待，或者亦能别开生面。

采访侧记

我们拍摄的节目组分几次从北京、上海、长沙到达无锡，最开始见到邓彬的只有 4 个人，邓彬老师很热情地给我们推荐了距离学校较近的住处和符合湖南人口味的餐馆，临走帮我们找了租车的司机，还在电话里帮我们砍价，一系列吃住行显得轻车熟路。邓彬老师说没有想到做金缮会出名，这几年采访他的人比较多，所以对我们节目的安排都比较了解。

第二天我们一行人在邓彬老师的带领下，开始踩点拜访过几天要去拍摄的场地和邓彬老师的朋友。

到了寄畅园我总是追着邓彬老师问，他一年来十几次园子，我很好奇园子和金缮有什么关系。邓彬老师懂得很多中国古代文化，在园子里的每一处景致，每一块石头他都能讲上好几分钟，在寄畅园的一个还原的书房里，邓彬老师很羡慕地说，"古代人真的很会生活""读书累了看看外面""你别小看这些石头，这些石头的排列都是非常克制的，你看这些石头都像是从山上滚落下来的，其实是古代工匠堆砌起来的，作为湖边的栏杆。你看山势非常险峻，让你没有办法靠近湖水，却偏偏在这个角落给你留了一个台阶"。

我唐突地问，老师这和金缮有关系吗？金缮会受到启发吗？老师笑了："出来逛园子，其实就是在传统文化中养养自己，并没有刻意地去思考金缮，如果硬要说金缮和这个湖边的关系，就是这堆砌的黄石，看似是从山上随意滚落，其实是匠人花了很多心思堆砌而成的，就是克制，金缮也是需要克制。金，是很绚丽的，很容易抢夺器物的光彩，用金克制，匠人也要克制，匠人要隐藏在器物之后，修缮器物要让修缮融入器物本身，

不能凸显，这也是匠人的克制。"

无论是湖边的黄石栏，还是湖中的看似随意的落石，其实从中国园林中都能看到日本园子的影子。而金缮则是日本手工艺在中国的传承。

从寄畅园出来，邓彬老师随手买了无锡非遗小点心请大家尝一尝。春末夏初无锡有些炎热，我们都是一口点心一口水，邓彬老师拿着点心，心心念念地说："这样的点心，应该配上今年的春茶。"邓彬老师真是被传统文化沁入骨髓了。

寄畅园门口有两根不起眼的石柱子，来来往往、进进出出的人都没有正眼瞧过。邓彬老师一进园子就说，这两根石柱子我和我一个朋友专门考察了，上面是北魏时期的，下面是唐宋时期的，应该是修过两次，因为明显是不同时期的石刻风格。就是这样不起眼的两根石柱子，邓彬老师还和朋友专门考据查证。他轻描淡写，我们却听得很惊叹。和邓彬老师的接触中，经常听他提到要保持好奇心。成年人要保持一颗赤诚的好奇心听似简单，实则很难，我们已经很难像孩子一样盯着一棵树一下午，我们很难正眼瞧任何地方门口的两根石柱子，很难一年十几次去观察石柱子上的雕刻，研究其年份，可能这就是我们与匠人的差距，与邓彬老师的差距吧。

　　邓彬老师在寄畅园请大家吃长江第一蟹黄汤包，杀青晚上还在江南大学请大家、请全组人一起吃饭，太湖三白、无锡稻草肉他都一一介绍，虽然不胜酒力但也和大家喝上了几杯。在等菜期间，导演助理讲起了自己小时候被父亲关门在家教育的惨烈故事，邓彬老师的女儿瑶瑶听得入神，大家都开心地打趣导演助理能长这么高全靠导演助理父亲打得好，这时候邓彬老师的女儿瑶瑶却哭了，我们都以为她是困了，邓彬老师的妻子把瑶瑶抱在怀里轻轻拍着背，瑶瑶盯着导演助理默默掉着眼泪。这时候我们才明白，原来瑶瑶是心疼导演助理，她是一个如此敏感的女孩儿，可能这就是她眼里的光，才能看到与成人世界不一样的东西吧。

第六章

锡伯古弓的
铁血与柔情

——角弓匠人伊春光

战时，弓箭是防身之器，若战死沙场，弓箭定要
随着勇士一齐入棺材。现时，弓箭则成了匠人的
谋生之道，六材四季，不分昼夜寒暑。

仍坚持用真材实料做角弓的锡伯族人伊春光，将
弓箭喻为贯穿民族、朝代和国家的生命线。

七旬迟暮人，忠心化气，匠心作魂。命陷沧桑里，
弓从茧中生。

　　伊春光，现今锡伯族仅存的角弓匠人。

　　自 1990 年开始，伊春光在祖辈言传身教的基础上，全身心投入研究和制作锡伯角弓中，工艺得到了继承和发掘。已近古稀的他被列为新疆非物质文化遗产锡伯族角弓的继承人，并得到能使用北山羊角制作角弓的特别授权。

　　新疆在中国大西北以 1/6 的国土面积傲视中原，牧草如茵、牛羊如云。各民族和睦相宜地居住于此，维吾尔族、哈萨克族能歌善舞，锡伯族能骑善射，处处是毡房点点、牧歌悠悠，一片祥和。

　　提及马背上的锡伯族，避不开古时的一次西迁。

　　乾隆二十九年（1764 年）的农历四月十八日，1000 多名锡伯族官兵奉清廷之命，率全家共 4000 余人，带着腰刀和弓箭从现在的沈阳出发，西迁至新疆伊犁地区屯垦戍边。锡伯悍兵在同纬度中横行，在途中战风沙、抗洪水，艰苦跋涉迁至伊犁河南岸后，开始自耕自食，在察布查尔县各地修渠引水、开荒种地。

　　虽扎根于此，但仍盼着有一天能回归故乡，所以战死沙场的将士并不土葬，只留一坛骨灰和一把陪葬的弓箭。但君不召臣返，锡伯族终究被一分为二，在新疆、东北两地遥遥相望。之后每逢农历四月十八日，锡伯族人都会以各种活动纪念祖先，即"锡伯族西迁节"。

　　随着和平年代的到来，弓箭只留存于历史或纪念品商店里。族人伊春光却仍旧认为，弓箭是锡伯族的生命线，贯穿着这个民族的生死古今。

冷兵器也有软强悍

在乌鲁木齐搭出租车，只要提及伊春光的名字，大部分司机都会絮叨半天以表示他们听说过。提起做弓箭的匠人，则所有人都会用标准普通话说出"锡伯族"三字。"天生的射手，也是天生的工匠"，此类褒扬不绝于耳。这让不曾接触过伊春光的人，提前感受到了他冷箭般的清肃。

伊老自小生活在新疆察布查尔锡伯自治县，那里保留着最为纯正的锡伯族文化，更将清代八旗"国语骑射"的文化传统保存至今。而现在的他住在单元楼，不见毡房不见马，素色休闲服替代了艳丽的民族服饰，体形依旧高大却无法再用威猛来形容，头发褪成了灰白色，脸上的皱纹深而密。只要不开口说话，和爱泡茶馆的汉族老头几乎没什么两样。连周边人对他的称谓也常见得很，"伊老""老爷子"。

可这位老爷子就爱干年轻人爱干的事儿。无论走到哪儿，他都会掏出手机拍照发朋友圈，编信息、看新闻都是日常。有时他会趁妻子在躺椅上打瞌睡，一手举着相机偷拍一手捂着嘴笑。因为低血糖，他的口袋里常备葡萄干和椰子糖，糖的品牌和他撞了名这种趣事都能让他乐上半天。

合力之弓

适逢西迁节将至，伊老打算率全家合力制作一把弓箭庆贺节日。可纯手工又不使用现代材料，一把弓箭从选材到制作必将持续一年之久。"冬天下料，春天刨牛角，夏天制筋，到秋天把它们组合起来，做一把弓要操心一年多。"伊春光仅用轻描淡写的一句话概括了一整年的劳累。

　　弓箭技艺失传时间太久，很多细节都不能确定，便没能很好地传承下来。青海省曾展出 22 把清朝时期的弓，都是文物而且都还能使用，弓身变形虽然不太明显，但仅由一块细木制成的弓梢却全都歪掉了。伊老为了把产品做好，继续发挥它的能量，便开始着手弓梢的改良。

　　先研究老祖宗留下来的技艺，看看是否能把它提升一点儿，然后再在一些步骤和细节上做调整。他为此查阅了《天工开物》《考工记》等专业书籍，也拜访了察布查尔县的高龄老人，结合他们的详细描述，再凭借年少时看父亲制作弓箭的记忆，不断研究实验。

　　如果弓梢太大太厚，射箭时就会有明显的阻力，而弓梢若做得细薄，又很容易变形。所以伊老用七八块木头并在一起做弓梢梢头，合起来后再把它粘到一块儿，这样就不容易变形了。十多年过去，在伊老这儿买过弓的人，没有一个反映弓梢变形的。

114

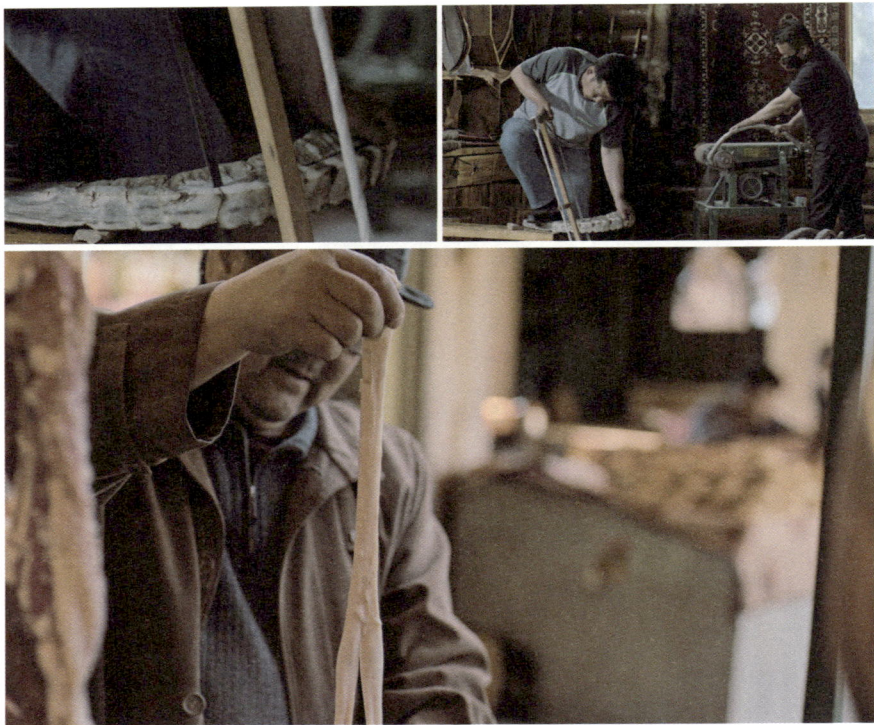

冬天做弓胎，春天加工牛角，夏天加工牛筋，秋天把所有这些加工完，再用动物胶把它全部组合起来，做出一个弓。若加上制作弓斛、弓箭、扳指和护臂等，全部加起来将近100道工序。

"角"是指各种动物角，将其制成薄片状，贴于弓臂内侧。大部分地区制弓多用牛角。但北方多为黄牛，只能用羊角代替。而伊老就地取材，选择了新疆特有的北山羊的角制弓。

"筋"即动物的肌腱，贴于弓臂的外侧。伊老之前也用过驴筋、马筋，但他现在只用极具韧性的牛筋，尤其是牛蹄筋。他习惯在夏天时挑选新鲜牛筋，冻在冷库和含有添加剂的均不被纳进考虑范围。牛筋越长越好，所以伊老一般选择较长的后腿牛筋。

做弓得符合一定的杠杆原理，比如牛筋要长，才能把弓梢做长，牛筋铺得厚了、重了，稍微拉到一定程度时，就会松一点儿。伊老曾复制过的清朝八旗弓，弓梢有29厘米长。而八旗弓里的短梢弓是骑射弓，长梢弓是捕射弓，长的弓梢在杠杆作用下，拉起来就会很紧，拉到一定程度后，会稍微松一点儿，推力也会增大。这正是因为给它铺的牛筋稍微多一点儿，它的弹力、稳定性和穿透力就会更强，命中率也更高。

"胶"有动物胶和现代胶，用来黏合干材和角筋。伊老只用动物胶，不用现代胶。动物胶有鹿胶、马胶、牛胶、鼠胶、鱼胶、犀胶等。伊老说用现代胶做就不是非物质文化遗产了。

完成一把传统的弓箭，从选材到成型要经过雕、刻、磨、擦等多道复杂的工序，成本高、市场销路窄。为了满足不同的市场需求，伊老不仅在反复考究下制成了传统弓箭系列产品，包括帝王弓、霸王弓、瑞祥弓、龙神弓和藤蛇弓等，使锡伯族的弓箭文化被传扬开来；而且他还专门设计并制作了一批传统弓箭的工艺品和旅游纪念品，他做的玻璃钢弓照样能射150多米远。他还给弓箭做艺术装饰，用整张牛皮制作弓斛和箭斛，并烫烙上鲜卑神兽等图案和锡伯文字。

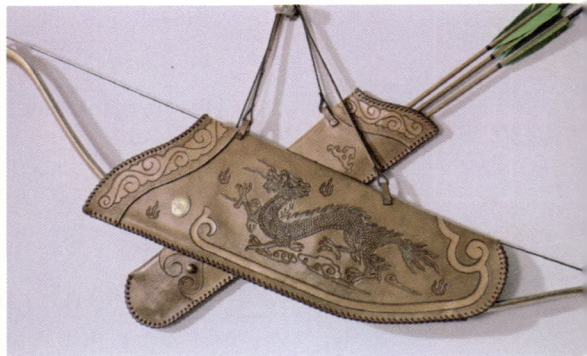

众心之箭

　　锡伯族有个老祖宗传下来的规矩，家里的儿子满4岁时，做父亲的要为他做一把弓箭，然后向东西南北四个方向各射一箭，以祈求其能骑善射，长成之时能为边疆、为国家出力。淳朴、强悍、吃苦耐劳，是锡伯族人的三大特点。

　　之前每逢西迁节，一个单位里各个民族的同事都要参加，到伊犁河边一块儿吃喝，拉手风琴弹唱。农村的老百姓，也都跟着去，生产队的社员一大家子带着好吃的好喝的，也都到那儿去办。挖一个锅灶，再煮一条鱼，把所有好的东西摆在一块儿，吃喝玩乐。可随着现代生活的深入影响，大家开始各干各的，很多传统文化就慢慢地淡化了，而同样被淡化的还有弓箭制作等技艺。

　　做角弓的困难有很多，比如北山羊是国家一级保护动物，所以伊老刚开始无权使用。之后随着国家政策慢慢放宽，非遗等项目的大力推广，伊老才开始把牛角弓大批量做开来。

　　因为自己有制作弓箭的底子，也掌握了很多祖传经验，所以伊老干得很成功。现在，每一把弓能卖到 3 万块。

当时有人对伊老说："你把它搞个大厂子嘛，好挣钱！"伊老害怕大家只重视收益，却忽视了最深层的文化传承，没有答应。

到乌鲁木齐之后，在政府的协助下，伊老制作的产品类型、系列开始增加。伊老常在会场被问及有没有徒弟。其实谁都明了，这种手工艺年轻人是做不来的，他们宁可去外地打工也不愿留守家中敲磨搓打。

可毕竟手艺活儿挣钱不多，事儿又琐碎，所以家里的三个儿子也没有把全部心思放在这上面，但他们仍旧给予了伊老十二分的尊重。

每一个细节都很重要，
必须一丝不苟、实实在在，
这是一种精神

2003 年 7 月，伊老在家人的帮助下创办了"锡力旦"弓箭制作社，决心将这门传统技艺传承给更多人，现已有 20 多名徒弟。同年 7 月，他成功注册"锡力旦"商标，这也成为新中国第一个传统弓箭制作品牌。在那之后，从新疆旅游纪念品设计制作大赛到中国非物质文化遗产博览会，"锡力旦"频获殊荣。

弓箭既是工艺品又是一种象征性的东西，所以伊老自担重任，决心把这个传统传承下来。他常和儿子们一起研究，希望在有生之年里，能继续把新疆出土的那些 1800 年前的汉弓都复原，再让儿子们交到博物馆去收藏起来。

谈到招徒和传授手艺时，伊老说："手工艺需得天天干，熟练了才能出细活儿，并不是说你学会了就行。这不是打电脑的事儿，按个按钮，加减乘除什么都能算出来，还是得手工。就像在电脑上打字，挺漂亮的，但真要提笔写个书法，就不一定好看了。总之，得有这个爱好，没有爱好就白干了，再学也学不出来。"

你是我的眼

从察布查尔县的四合院平房搬来乌鲁木齐后，伊老和妻子一直住在市区的现代单元楼里。老太太每天早上 5 点多起床，这对新疆地区来说还只是夜生活刚刚散场。之后她会锻炼到 8 点钟，接着收拾房子、浇浇花，一直到伊老起床后将早餐准备好。吃完早餐，伊老开始制作弓箭，老太太则坐在靠窗的椅子上听音乐。这样的生活每日重复着，相濡以沫的情感沉淀着。

初次见面的人看不出任何"破绽",两位迟暮老人,一个腿脚不便,一个双目失明 17 年。

伊老的妻子在 17 年前的糖尿病手术中,因为医生操作失误导致眼周血管破损,双目失明。而伊老的腿脚也是因为一起医疗事故而变得一瘸一拐。但两位老人人善心宽,不想毁了县城年轻医生的前途,便没去计较。谈到这些旁人认为难以承受的灾难时,伊老只是说,世上令人百分之百满意的事情是没有的,不用事事都计较。

眼睛看不见,只是少了一个沟通的渠道,并不影响老太太对世界的热爱。失明之后,她的其他感觉开始变得敏锐。试探着走完一级台阶后,就能踩着节奏下楼梯。家中的摆设在固定的情况下,她也可以帮忙和面、洗碗、浇花,以及无障碍地拨通儿子们的电话。你说话看你,他说话看他,外人看起来好好的,可那眼睛里什么影像都没有。

搬来乌鲁木齐后,伊老的弓箭制造事业风生水起,老两口儿参加了国内外各种弓箭比赛或展览。他们去过南京、台儿庄,也到过枣庄、青岛、曲阜。在曲阜的时候,伊老和儿媳妇牵着老太太的手,触摸那些古代建筑。

在视觉之外的地方,她都将一切"看"得清清楚楚。尤其身边有伊老陪着,她都能"看见",可以陪他整理牛筋,可以陪他说说话,帮他擦擦汗。

老太太有次陪伊老去南方参加活动,在路上闻见一股花香。询问之下得知是桂花,很是喜欢。回新疆后,伊老浪漫地托人运来一株桂花种在窗外的菜地里。但新疆太过干燥,始终种不活。花开花落终有时,枯木叹世奈何多,怨不得这自然法则,怨不得命运安排。

可触可嗅的感觉变得敏锐的同时,心里的知觉同样潜在地发生了巨变。老太太在青岛和海南的大海边,曾几度想要彻底释放内心的呐喊,只想歇斯底里一次,让浪把苦闷带走。可她不敢,尤其在伊老面前,她的抱怨只会化作体贴。

120

　　伊老和老太太在年轻时自由恋爱，经历过苦日子，也见证过国家和民族的兴衰，此间数十年相依为命。老太太失明之后，伊老为了照顾她，主动断了之前的生意路，提前退休在家做弓箭。在老太太住院那段时间里，伊老没日没夜地守在病床旁，背她上厕所，为她做饭，倾尽力气只为多给她一点儿活下去的信心。伊老说："精神是很重要的，精神不垮，你就垮不了。精神垮了，一切都完了。"

　　只要提起往事，伊老起先都会敞开话匣子，等聊到动情之处，却话锋一转说："我的故事有很多，但这社会上的人都一样，没有哪个人活着是容易的。一旦你把话说出口了，这个情绪就会反复折磨你，不说就忘掉了。所以都要放下，不放下，这个坏情绪就要折磨你一辈子。"

　　命陷沧桑里，弓从茧中生。年轻时的伊老是一匹在牧场上撒开跑的骏马，也是一支飞离轨迹的利箭。现如今，他是一把弓，将民族文化传递给后代。他也是一双眼，让亲人、知己和合作伙伴更清楚地看清这个世界。他更是一个匠人，制作弓箭，敲磨生活的锡伯匠人。

采访侧记

地理气候

  乌鲁木齐市区虽远离沙漠，但干燥程度还是让全是南方人的摄制组成员的脸一个个干裂成了筛子脸。虽通用北京时间，但新疆实际处于东六区，太阳落山准备拍室内场景时，竟是晚上 10 点了。

  乌鲁木齐海拔不高，但日照时间长，进南山拍摄一天后，每个人都顶着小丑鼻回了酒店。皮肤嫩点儿的，会直接被晒伤、晒肿。乌鲁木齐城区很大，虽有高架桥、BRT（快速公交系统），但开车的人猛，横穿马路的人更猛，所以随时都像高峰期。

饮食

当地朋友说，新疆人除了吃就是吃。但我们拍摄行程排太满，几乎是没有时间到处去开胃的，只能用工作餐稍微反映下新疆饮食文化。

这边很注重早餐，丰盛一点儿的有面、有汤、有菜，简单一点儿的和汉族没差别，包子、馒头伴粥吃。这边面的扎实程度完全不输东北，馄饨皮是南方的三四倍厚，胃小的早上吃一个包子差不多，两个是极限。可当地的女人能吃四个包子、一碗粥，还撑不出一声饱嗝。

新疆饮食油重多辣，西红柿炒鸡蛋里也要有青椒，但也有手抓饭里放葡萄干的那种甜腻。新疆的肉最好吃，肉质好，肉汁也都保留着，而且内脏都不会浪费掉。

新疆之行让人深知，"大口喝酒，大块吃肉"这种非常飒爽的画面很难同时发生在自己身上。当地人用我们的茶杯喝啤酒，用我们的啤酒杯喝白酒，全程一口干，二话不讲。所以新疆人才会如此豪爽的吧。

家和工作间

从察布查尔县搬来乌鲁木齐后，伊老和妻子一直住在市区的一个现代小区里。因为老人行动不便，所以特意挑了一楼。为打发平日里的无聊，在门外留了一块空地供老人种花草蔬菜，番茄、辣椒有很多。因为老太太失明，为了不影响她打扫、浇花、接电话，家里的陈设一般是不会变动的。

楼下有个很迷你的地下室，被伊老弄成了个砸牛筋的工作间。里面拥挤封闭，多塞几个人进去都会变牛筋。但那是老爷子日常爱待的地方，只要他开始砸牛筋，就好比敲钟敲了第一下，就必须把108下全部敲完，一定要砸到满意为止；然后再撕牛筋，不亦乐乎。

儿子为了更好地宣传弓箭文化，在市区还开了一间工作室，用以摆放伊老的心头宝贝。一面墙挂成品，一面墙挂羊角、貂皮，还有几面摆着证书、照片，不用细看就知道很厉害。

时间是匠人对待手艺最隆重的方式，
弓身收进弓弧再挂到墙上的那一刻，
一年就算过去了

伊春光

初见伊老，他们老两口儿正在吃早餐。老太太虽然失明，但并不需要过度的照顾，只需提示她碗的位置，其余的完全能够自理。伊老牵着老太太的手就能稳步前行，也不需要别人来搀扶。

好几次，为了不耽误伊老的拍摄工作，老太太就会独自坐在外面晒太阳，锻炼肺活量，有时一坐就是三四个小时。在车上，伊老时不时会偷拍一下老太太，抚摸她的手，帮她按摩，开玩笑地说："上辈子欠你的，八辈子来还。"

提起当今的大国工匠，伊老说那不仅是推广一种文化、一种技艺，更应该推广一种精神，一种浮躁社会里极其需要的匠人精神。可他并不喜欢夸耀自己，当提到"了不起的匠人"时，伊老直摇头："我没什么了不起的，要是被族人知道我这样自夸，肯定会被说闲话的。"

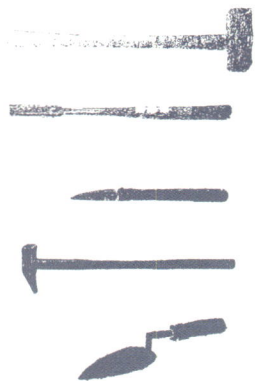

第七章

逃离北上广，遇见景德镇

——景德镇陶瓷匠人董全斌

他说：器由心生，如镜子般，器之形真实地反映着人的内心。

很庆幸做了瓷器，这个行当算是为数不多的可以保留独立人格的行当，不必巴结什么势力，因为其所具的实用性，只要不贪心，凭手艺吃一口饱饭，做一城一池之主，在这不独立的世界里竟可成真，万幸万幸。人生只有一次，何必趋同。

董全斌，现居景德镇，陶艺家。

生于 1979 年。河北人，毕业于河北师大艺术设计系，同年任三目艺术公司设计总监。

2001 年定居北京，创立三泉印象文化传播有限公司，从事品牌设计。

2002 年设计硕牌天然麻拖鞋，获中国、日本、德国专利，开创了一个新品类，年产千万双。

2011 年到景德镇，并于 2012 年获得国际商业美术设计师协会（ICADA）颁发的国际美术陶艺设计师 A 级资质。

搬迁：一夜之间，北京遇上景德镇

　　一直以为是有这样一个版本的：因为坚持放弃工作，迁居景德镇，董全斌和家人起了冲突……在各种坚持之下说服了妻子，之后，就是一个李安式的蛰伏起事的故事。

　　但事实上并不是这样。董全斌提到从北京到景德镇，"跟家里人就商量了一个晚上"。在那之前他和家人其实已经尝试离开北京，孩子也随着一起搬到了苏州。因为还在远程兼顾着公司的事情，加上在苏州又觉得没有可做之事，所以还没有找到完全离开的理由。直到董全斌在景德镇陶院毕业的弟弟跟他说了一嘴："去景德镇看看吧，那边有个乐天市集，办得非常好，救活了景德镇。"结果就变成说走就走了。他们当下就启程，往景德镇开，到了已经是凌晨三四点，哥儿俩找不到旅馆，只能凑合着在汽车里睡了一晚上。

董全斌对景德镇的第一印象是：早点都那么辣。

然后一逛到乐天市集，董全斌就爱上了这里的氛围：开放的创作环境，自由贸易的平台，任何人都可以凭借作品崭露头角。

就这样留了下来。

董全斌对景德镇的评价是两面的：一方面极丰富，可以看到几乎所有的工艺。因为是从历史发展过来的，保有比较庞大的基数，每一道工序都泾渭分明，相比较全国其他的制瓷地来说，景德镇没有那么小家子气。要学拉坯，学烧窑，路边的作坊是朝着大路开的，谁来看都可以，配套设施非常全，要买坯体也可以，要买釉料也可以，完全不懂的也可以按照想法攒出自己的作品。另一方面又有着小城市的特点：生活成本低，只要有一点儿钱就可以活着，相比处处都是刺激的北京，这里少了很多躁动，有机会冷静地思考。因为这两个条件，就算环境、素质、教育糟糕，也可以忍受了。万幸还有互联网，跟那些大城市里的好处不会脱节，眼界、思维，都还是开阔的。

转身：从工业设计师到手艺人

其实董全斌是抱着"想要打造中国的无印良品"之心，来到景德镇的。他试图率领一个团队，整合出一整套家居用品，而茶具，其实最初只是这个系列中的一套产品。事实上，在景德镇的头两年，这个努力一直在持续。

2014年6月的日记里，董全斌写道："精品非常耗时耗工，成品率极低，价格昂贵，而大路货太过粗糙。于是我们请来很好的师傅，与别人不同的是，我们反而规定了较低的数量，提高单价，把刻花等装饰的部分去掉，展示简洁的美感。这样一来师傅不赶单，成坯

出乎意料地好，轻薄而有灵气，底部重心较低，压手感明显，如作品一样……经过差不多 6 个月的调试，第一批寄托了期望但并不完美的作品面世了。这时已超出预期 3 个月的时间。虽然如此，我们还是想把这样一个理念坚持下去，只要有人喜欢，这样的尝试就不会停止。"

　　长期跟董全斌有合作的茶业记者茶小隐（笔名）也曾经提到过，他们花了很长时间谋划过做好用不贵的茶具："话说去年年底，他还兴冲冲给我打电话，说想好了用机器压模，手工精修，可以降低成本。等我们去景德镇，他又严肃宣布，机器压的怎么都出不来韵味，还得全手工。这不，一只一只慢慢做呢。"

　　在对制瓷一窍不通的时候，董全斌找遍了景德镇每个工序的师傅，往往他急得跳脚，师傅却不急不慢地在躺椅上假寐。这就是景

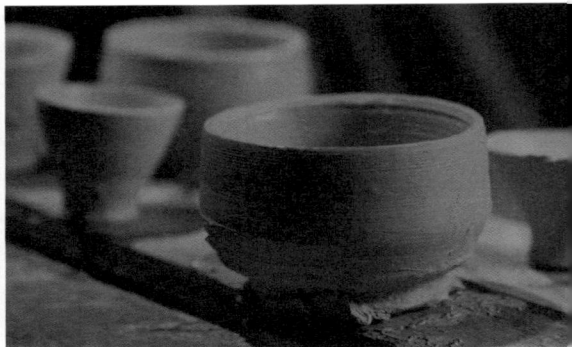

德镇，千年之前就已经是瓷都，传说中的制瓷72道工序依然在不同的手艺人中间有条不紊地代际流转，许多人终其一生只做其中一道工序。

等到在景德镇待的第四个年头，董全斌已经慢慢放下了想要"整合和创新"这样工业化思维的想法。当再次提及这个实践，他的回答是：不是手工做的东西，就是不耐看。

这是一个自我要求非常苛刻的人，不管是作为产品开发者，还是作为一位纯粹的制瓷人。直到很久以后，他的东西被很多人认识并搜罗，苦于无法买到的时候，董全斌的状态仍然是：一个新器物做出来，满足感只有短短一段时间，很快他就又开始思考可以改进的地方了。

从工业化思维转化到手艺人思维，这几乎是相差了整整一个纬度的事情。在试图把控每一个环节，而同时又将每一个环节假手于人的时候，董全斌发现，这是不可能完成的任务。没有人可以代替你，把想要的器物制造出来。所以，必须掌握技艺，必须自己动手。

真正自己动手时才发现，老师傅其实也是有道理的。制作陶瓷的所有环节，必须沉下心来，慢慢地做，否则只能适得其反。有一年董全斌赶着回家过年，初春开窑时，董全斌分明从器物之中看到了一股急躁的情绪。器物永远是诚实的，只要你诚实地去面对它。所以，慢就是快，这是手艺人的法则。

作品：从无缺中领悟自然

　　"九十九只杯"是一望可知的美。这是董全斌来到景德镇的早期作品。我很惊诧于一个之前并没有接触过手艺的人，为什么动手自己做的时候，在这么短的时间内就能让技艺达到成熟的水准。在这些杯盏中，那些简洁有力的线，温润而微妙的色，都让人感叹技术的好处。这种成熟来源于大量的练习，手艺的基础是没有捷径的重复训练。来的第一年烧了 200 窑，算起来差不多每一两天就有东西烧，这绝对是勤奋。

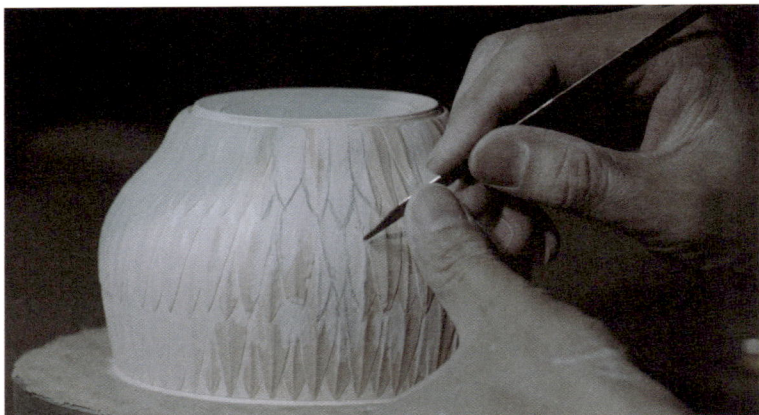

　　将"技"进一步提升，不只是勤奋的事情了。在景德镇，日复一日花大量时间来达到技艺纯熟的匠人有很多，在这之前的进步，就需要知觉，需要自我认知了。董全斌现在可以很坦然地评价说，自己的"九十九只杯"只看到了形状，没有从更深一层去弄明白器物和喝茶的关系，这是因为他已经走过了那一段路。

　　在景德镇的生活帮助了他。简单本质，得以思考更多。院子里有野草、芭蕉，董全斌去看，看得异常仔细。"一切熟悉的都忽然新鲜起来，看到透出的骨骼的力，结构与结构的节点的震动，一个变化催动的另一个变化，漫山的一簇一簇的树叶下看不见的内在支撑的枝干，叶片从顶端开始聚散，到了下面枯萎消失。一切自然而然。"

他在这一时期有写过他的读书观，认为读书还不如读植物。"今年是我读芭蕉的第二年，直接读芭蕉更有意思，如老农种菜，初见老农种菜，你会惊讶于他的时间：何时种，何时施肥，何时收，准确美妙。但细看之下，老农穷其一生只看一年地，极少看到两年，至于十年百年地看更是少之又少。日本的有看到 10 年的，国内的基本上只有几个月。时间太短往往只得局部而不见整体。"

刚来景德镇的时候他就研究了大量的老窑口瓷片，现在这些研究的心得，潜移默化地出现在他的作品里。他说，这是忘记之后，重新感受到熟悉的陌生。

去年开始，董全斌的东西做得越来越少，越来越慢。对器物已被市场开始认可，越来越受瞩目的创作者来说，这种克制是难得的。

工作室院内堆积了大量的陶瓷碎片，因为瑕疵品无法处理，要砸掉了事。小到针尖的黑点，或烧制温度过高导致略微的变形，往往只能这样处理。现在，董全斌有了新的尝试，在坯体中随机预置了黑点，而将素胎表面雕刻出规则中又蕴含不规则的花纹，让器物有薄厚自然的变形，自然而然。

在自然的启迪中抛去了对完美的执念，他做了"变化"系列。枯焦的意象第一次出现，是拟物，也是抒情。月白玉釉蕉叶杯，是他的作品里技法和创作意图都展现得淋漓尽致的一只。"过去曾追求没有出现一点儿瑕疵的'完美品'。但慢慢地，我对这样的'完美'产生了怀疑。由院子里的芭蕉叶的焦边触动创作，残破、凋零、消逝，如同呼吸，不完美却也是美的一部分。"

听到很多对他的器物的评价，他自己回应说：其实，我不太关注陶瓷本身，我更在乎的是人的行为。他花了大量时间去探寻容积、光线、重心、唇感、温度、薄厚等细微差异对使用的影响，像做科学实验一样，各种参数的调整，试图达到最平衡、最好用的状态。越是在这种研究里，他越是发现，老的、留下来还在用的东西，往往是因为最合理，才会成为经典。所以，难的不是创造不同的东西，而是在多年的经典中，发现相同的东西。

　　董全斌提倡，东西要用。摆在那里看是无谓的。来他那里的人，喝得到董老师的好茶，也能看他把好东西随手就拿来用："其实你看老的建盏，现在他们人好多拿它来泡茶。保温性，唇口的那种曲线，那是非常非常好的。为什么1000年前在使用，现在还在用，是因为太好用了，现在的东西还是无可替代的。它不会因为时间的流逝而使人喜新厌旧，或者说因为创新而把这个旧的东西淘汰。只要你这张嘴还在，人这个手还是五个指头，长度在这儿，好多东西是变不了的，你只要深入研究就能发现，要做就是做这样的器物。"

　　董全斌家里的家具，有很多是在北京用了很多年，又辗转好几个地方运来的，上千公里的挪移。他不是一个习惯"断舍离"的人，因为心软，用惯了的东西不会抛下，非用到不能用了才会换。在做工业设计师的时候，他处在一种两难的境地中：他希望一只杯子能用很久，一辈子传下去；但是卖给别人的时候，就希望人家三个月一换。这大概是工业价值体系逐利的本性，但对董全斌来说，这太分裂了。

　　身外物繁多，董全斌会检讨：之前买东西还是欠考虑。他不能理解从常换新车中获得乐趣的人。"你看着十几年的车子，你熟悉它每一个零件，远比今年换一个最新款法拉利有意思得多。喜新厌旧其实就说明旧的东西还不够好。要想让你这个东西足够好，你必须仔细考量，比如你每天使用这个杯子时，你就要注意修改它每一个细节上的问题，那这个东西才是耐用的。你光是从造型上随便想想，比如让这个口再大一些，冒出一个新奇的想法很容易，但这个东西就会让人喜新厌旧，成为过眼云烟，很快过几个月就不新鲜了。我还是喜欢比较耐用的东西。"

生活：也许每一步都是正好的安排

　　节目播出了很久，我又有机会和董全斌碰面，我很想知道他的生活有没有什么变化。

　　有变化是当然的，如今，他位于景德镇的新家已然落成。

　　闲暇时除了陪陪儿子没什么特别的爱好了，听听音乐，看看书，做做东西。当我让他推荐三本书时，他不假思索地说："达尔文讲'进化论'的那个最早的、没删改的版本，宋词和《时间简史》。"真是又正常又无懈可击的回答。

　　我又不客气地问："你怎么看待'匠人'和'艺术家'之间的差别？"

　　他说："之前也是在想，到现在已经不想去做这种下定义的事情了。之前会有那么一段时间思考过这个问题，现在觉得这个即使规定出来也并没有意思。

　　"这两者之间总会有重叠的部分，关注的角度可能会在设计、艺术、工匠之间变化，反正不管归到工匠还是艺术都不重要，关注定义不如关注实际的问题。

　　"我倒更像是发现者，以前以为自己是创造者，而现在只是想发现其中的规律。其实每个人都在发现，发现的角度都不相同，结

果也会不同，各种不同渐渐组合成一个完整的体系，或者互相印证。

"其实每次发现一个有趣的新东西时，都会非常开心。你看自然里的所有东西每天都经历着巨大的压力，物种的生灭非常常见，所以组合出来无数的可能性，并且就在我们身边不停地变化，包括人自身也是，无时无刻不在改变。

"互相依靠，让对方改变自己，这些与人对物品的使用是一致的。喜欢的东西和美的感受也是不停地变化着。"

我变本加厉地问："有没有心虚过，万一在景德镇过得不开心，万一烧不出好窑，灰溜溜地回北京怎么办？"

他老实回答："一直到现在还一直在心虚着，就是这种感觉。从没有真正觉得自己做的东西好过，很多时候一个器物还在毛坯的阶段就会被新的想法淘汰掉，然后只好重新把它揉成泥。最近做紫砂壶就会觉得特别适合自己，做好了之后会放着看，因为不用上釉，所以毛坯的阶段非常接近于成品，不像陶瓷，不烧的话根本不知道最终的结果。这样不停地观看以后，可以让自己把不满意的直接回炉化成泥浆，最大的好处就是有更多时间思考了，省时环保。

"现在还是一样，也没有体面到哪儿去，只要不劳动了就会挨饿。所以永远也是景德镇讨生活的众生中的一员。"

就像董全斌在节目里说的那样，因为烧窑是自己一生唯一要做的事，所以也不用如何计划自己的人生。

一条道走到黑或是走到繁花似锦，山穷水尽或是柳暗花明，也许要看天意人心。看似不安排的信马由缰，是因为我深知我想要的是什么，或许这才是最大的禅意。不求"最最好"，只愿一切都是"正正好"的安排。

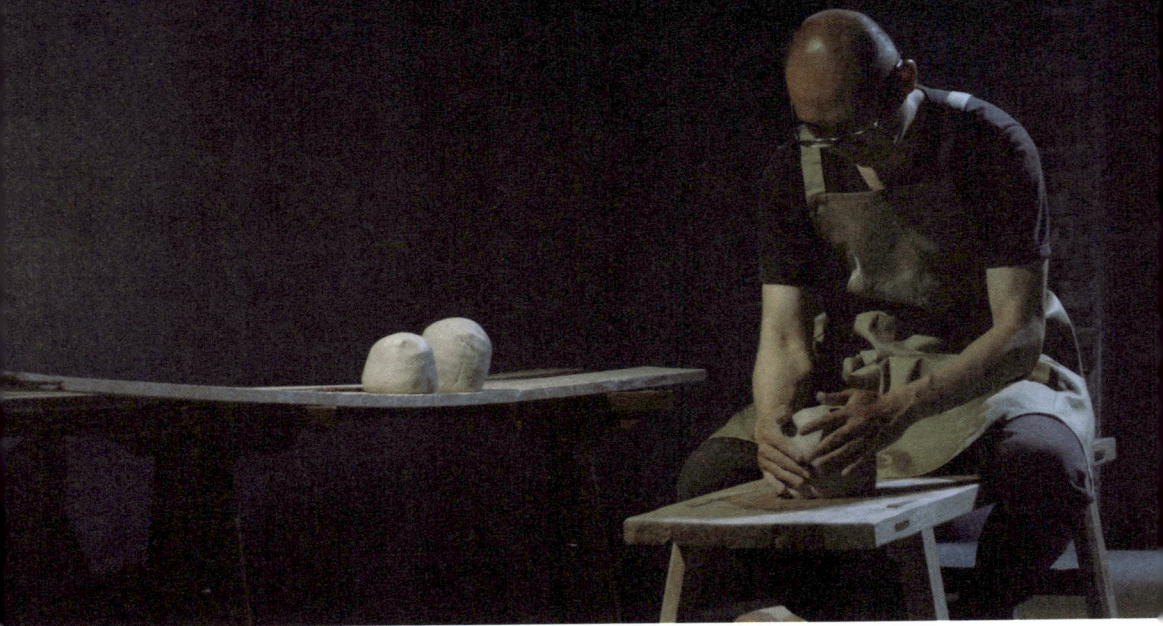

醒梦如一

文：董全斌

标准

我在做器物时考虑的标准？一直想写写看，给自己做个参考。

我做东西之前会先考虑怎么做，有的时候明明要做成这样，但最终不断调整、不断改变，变成了另外的样子。不管怎么样，最终打动自己的还是有些基本标准，还在思考中的这些都是一些不成熟的体会，抛砖引玉吧。

第一个是"初心"。和很多人一样，我最开始的出发点就是为了赚钱，做一个很大的企业，没那么高尚。做着做着发现，如果想赚钱就必须把事儿做好。于是问题就来了，到底是做什么？总想着赚钱的一定是赚不到钱的，所以无论动机是什么最终都会回到一点，只有把事情做好，不必强求其他。那么什么样的东西好呢？第一点就是在器物上可以感受到的初心，把赚钱作为目的的器物一定不美，忘了其他而醉心于感动，醉心于用的器物，自然而然地会让人感受到美。最近看到的"断舍离"，我觉得正是因为得到了更美好的东西才会把享受、金钱、欲望抛弃掉吧。

第二个我会考虑是否"生动"。只有在自然中才能看到生动，之前我以为人可以创造，到后来认识到人只能发现。善用自然之美，让釉料在自然的火中变化流淌，那种生动是无法模仿的。我需要做的就是尽最大可能展现自然之美，实现使用方便的目标。

第三个在成品之后我会看是不是做到"无我"。这个说法好像有点儿玄，但是通过实践你就可以发现，"无我"其实是真实普遍的。就是放下"我"的意识，站在旁观者的角度，真实地看待器物。去掉为了出名而怎样，为了让别人夸而怎样，为了炫耀而怎样这些想法，不为了别人的眼光去做。当去掉这些，真正遵从内心，自然就会出现美的规律，你就可以发现真正的美，适用于所有人的美。

第四个是"知止"。这个好像是现在考虑以后的路。知的尽头是无知，少则得，多则扰，扰则忧。生命有限，知道自己该做什么，这对于做器物很重要，一杯一壶足矣。

第五个是"细节"。就像根本不要相信极限一样，不要相信每个细节都是孤立的。所有事物都是一点一滴组成的，细节不好等于

没有整体。所谓塑造整体就是如何处理细节，这两个是一回事儿。

　　不过每次的实际情况是，似乎将这些标准变成做器物的基本构成因素，变成一种下意识的行为之后，做器物就能步入正轨了。做的时候只需要考虑好不好，哪儿再改一改，器物就这样做出来了。

有限

　　我最近不停地烧了十多窑，突然有了一个体会，感受到了"有限"。

　　看过很多书，也试验了很多釉色，了解了很多火焰的颜色和气氛，可是随着经验的累积不是越来越自信，而是越来越发现这样一个事实，那就是有更多的未知，好像有无穷尽的"不知道"在等着我。突然明白了之前看到的一句话：知的尽头是未知，最高处不是知识的积累，而是"知止"。知道有所不知而生出的"明"。

　　那或许就是明白有限，确实这样。首先我发现了尽管不停地看书，不断地吸收所谓的知识，但通过实践釉色和火焰，还是能够发现一个极有趣的有关语言的现象。书籍通常通过数据或者一堆形容词来描述某一个现象或经验，但语言显然不具备这样的准确性，正如我想描述红薯的甜度和甘蔗的甜度时那样，只能用一个我个人所能理解的词汇去描述一个自己体验到的感受，这时世界上的一切文字语言都在自然的丰富面前显得极其苍白。一个知名的老学者最近用一系列诗词文字描写禅，写得很好。但是可能源于我有同感，当我拿给朋友看时，对"人为为伪，人弗为佛"这句话，在何为"人为"、何为"人弗"的问题上，我们两人的意见就存在极大的分歧。这更加使我坚信"大辩不言"的重要性，不为辩而辩，不为文字而文字。以言论言，没有对错，以自我观之都是是非。而我亲身体会过，想对别人谈及修坯时的感觉，也无法用语言准确地说出来。啰啰唆唆说了一大堆，就是想说自己认识了有限的第一点："语言有限，明以行。"明白了去亲自做的重要，读万卷书不如行万里路。

　　第二点是"动物"。人无论如何首先都是作为一个动物存在的，需要先满足温饱才能顾及其他。而知者不言，言者不知。这正是作为一个动物体的局限所在，你在感受的同时就不能言说，再回忆或言说刚才的感觉，就不能同时再去感受。人一次只能做一件事情，否则做不好。生命有限，时间有限，记得鲁迅说过，时间就像海绵里的水，只要愿挤，总还是有的。可我一天没干什么天就黑了，真是挤不出。知道了动物的有限之后，你会发现做事情要专，时间精力有限，明以专。

　　第三点是"片面"。总有是非对错。非黑即白，总以自我的观点看待事物，总是不够全面。最重要的是"曲成而不遗"。我发现好看、耐看的东西往往很全面，以单一的观点和视角做出的器物，刺激却不长久，也不全面，也许只是因为喜好。只有结合了人与自然、所知与所不知，做出来的器物才会长久而耐看。因为我知道瓜果梨桃没有哪个最好，瓷器开片既是瑕疵又是美感所在，没有对错。如果能以全面的视角看待万物，那就突破了有限。明白了这个我才知道做事情要全面，明以全。

　　这些是最近所感受到的，写出来只想做一个交流。我从这几点重新审视自己设计的器物，忽然发现好像有一些新鲜的东西冒了出来。

采访侧记

搬家

　　刚联系董老师的时候，他就告诉我们他在准备搬家，水电工、木工、泥工正在让他焦头烂额。我们心急拍摄，一再确定：5 月之前行不行，再早一点儿呢？……董老师脾气好，一直说：尽量，差不多。最后临行之前，听说董老师全家都已经搬了进去，想着这下放心了，我们可以拍摄一个窗明几净的新家呀。

　　结果到了地方才傻了眼：墙壁还等着粉刷，电器家具挤挤挨挨地堆放着，孩子的玩具、大人的书，都委屈在角落。董老师的作品还躺在一个个纸箱里，想想一层层拆封都是个大工程……摄影老师的头都炸了。

　　之前在资料中设定的日常，已经全部变了样子：不再是三宝村里的小院，不再是芭蕉叶爬上两层楼，不再是每天倒腾的瓷片堆在床头……取而代之的，是每天跟装修工人讨论刷墙的厚薄，跟建窑师傅讨论烟管的走向。好在董老师不忍心拒绝，我们的种种额外麻烦，他一一领受了。

　　跟董老师聊着聊着天呢，说到某本书，某个笔记本，我们问："在哪儿呢？"董老师就开始搬运着一个个叠放的纸箱，偶尔抱怨一句："很难找啊。"导演接话说："那，就继续吧。"

　　董老师愣了一下："嗯，导演真狠。"

　　又继续找了。

　　结果再次验证了墨菲定律：要找的东西永远在最后一只箱子里。

喝茶

　　会选择董全斌的茶具作为我们的拍摄题材，首先当然是出于视觉因素。

　　大家会对着照片流口水：好看，真好看。

　　具体是好看在哪里呢？

　　到达董老师的家，我们坐在楼上的半露天茶室，董老师随意地拿出几个杯子来给我们泡茶，这是第一次遇见真实的董老师的茶具。明明在照片上看的时候，那么气质高洁的杯盏，就这么稳笃笃地往一方小木桌上一放。真是日用之器呢，完全没被束之高阁。

我们拿在手里，喝茶。如董老师的创作感言说的：感受杯口的角度，杯壁的厚薄对茶汤滋味的变化影响。所谓讲究，不是特定的规矩，是对自然规律的顺应。

恰如其分，这就是说不出来的好。

在我看来，拿出这么好的器具招呼大家来喝茶，这样自自然然的态度就是好。

我可是知道，网络上哭着喊着求董老师杯子的人，大有人在呢。

思及此，窃喜一下。

事故

拍摄过程中我犯了一个最不专业的错。

是的，如你想象，我把杯子打破了。

在拍摄器具展示的时候，所有的杯子都从打包好的箱子里被取出来，摆了满满一大桌。我们把选出来、搭配好的一组组拿去灯光下拍摄，之后收回来。

拍摄赶进度，每次换拍摄物都要脚步飞快。某次收回杯子放到大桌上时，脚踩到铺在路上的塑料纸，摔了一跤，桌面受到震动，有两只摔缺了口。

之前在一起拆杯子包装的拍摄组的人都在互相开玩笑，说摔了一个就得留下来给董老师做工。

结果，我真的摔了。

全场寂静。我脑袋都蒙了。

…………

董老师尽可能轻描淡写地说没事儿，他没有特地安慰我，因为知道我无比窘迫。

直到最后拍摄结束，我缠着董老师提出把碎片拿去做金缮修复，董老师没有答应，他只说：做事的人才会犯错。不要放在心上。

后来同事跟我说，他看到董老师当时顿住了。

肯定是心疼的吧。这批杯子是私藏非卖品，每件都是唯一的。按照董老师的习惯，不会复制相同的器物。所以，世上再无这两只杯了。

拍摄结束之后的半个月，我给董老师家寄了一个摆茶具的展示书架。董老师却说：最好还是来喝茶聊天吧。

家人

董全斌一家三口，住在景德镇流坑谷村，儿子7岁。

当妈的对这个年龄天然敏感。当时我的第一个疑问是：从北京去景德镇，孩子在哪里上学？果不其然这是个头痛的问题，一问起来就打开了话匣子，这大概是每个父母天然的自觉。就算是那么迅速的"说走就走"，也还是提前考虑了孩子的安置问题。夫妻两个打听了景德镇的幼儿园，选来选去，选到了一个合适的。可是升到小学，又是新一轮的纠结。

儿子被选拔上了国家培训的足球队，训练严格而且即将打比赛。董全斌很骄傲这件事，但是拍摄这一节却让学校紧张了一把。董全斌的妻子带着我们去找校长，班主任和校长一再惊叹的是：原来你们家是名人！以至于出来的时候我有点儿担心：不会给你们以后带来麻烦吧。

没办法，摄像机总是自带敏感属性。

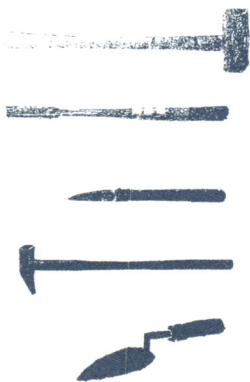

了不起的匠人

第八章

与火对赌的柴烧狂徒

——苗栗柴烧匠人田承泰

在台湾苗栗南庄的深山里，有一位烧陶人，30年前，他是一个柴烧的门外汉，现在，他是台湾柴烧第一人。几十年无数个不眠不休的烧窑中，他用泥巴与火博弈，用火的热度赋予陶生命，用不平整的触感让人与土第一次联系起来，飞舞的火痕记录着他与火神博弈的历程。你以为他赌的是他的茶碗，其实他赌的，是他的人生。

人到中年，他虽偶涉陶艺，却对柴烧一无所知。

整整 6 年，他没有一笔收入，全靠妻子补贴家用。

半路出家，看起来并非一个成年人应该做出的明智决定。

烧窑是一件痛苦的事，这种痛苦往往并非自己能够左右。但这个人说："我只管下去烧，我不问收获。"他就是田承泰，他的博客名叫"有泥窑总管"。现在，他的作品是柴烧界唯一能上拍卖会的大家之作，其价格远超市面上一般的柴窑作品。很多老茶爱好者指定要配他的柴烧用具，只是一件难求。

与其做陶，不如开一家牛肉面店

决定做柴烧之前，田承泰完全是一个这方面的门外汉。他虽然收藏过不少台湾的老家具和老陶艺，但柴烧，那时仿佛是世间的另一种存在。而那些老陶艺又仿佛有种魔力吸引着他。作为木石雕刻家，他本来做得小有名气，却忽然觉得要做一些改变了。

有一天，田承泰对太太说："陶艺，我可不可以也来做做看？"

田太太说："土呢？一包 300 块，你要把它创作出 3000 块、3 万，甚至 30 万，你办得到吗？"田承泰想了想，说："我能办得到。"很多熟识的朋友得知田承泰要"玩儿"陶艺，便委婉地劝他：人到中年，犯不着在这个陌生的新领地冒险。朋友们是好心的，毕竟，虽没有迈入陶艺大门，但他们都知道，陶艺没那么简单。他们七嘴八舌地劝他，陶艺并非一朝之功，他很可能陷入无路可走的境地。有人甚至提议："与其做陶，不如开一家牛肉面店。"

但田承泰不管别人怎么说，依旧执着地迈入了陶艺的大门。他知道这一切都不会是一场轻松的玩票之旅。他对太太说："6 年，给我 6 年时间，我会把这个陶艺做得非常好。"整整 6 年，田承泰就像在纽约街头游荡的李安一样，没有收入，有的只是昏天黑地。他放弃了木石雕刻的创作，全心投入柴烧事业上，日常生活全靠太太维持。

那几年，田承泰的太太陈羽莲在台湾淡水老街开了一家服装店，他们家庭 6 年来的收入，除去从前的积蓄，全赖于此。这期间还要供四个孩子上学念书，很不容易。而田承泰在最初一段时间也很辛苦，完全没有老师教，一切只能靠自己摸索。

台湾有很多朋友都在做陶艺，田承泰跟他们不一样，他要做的是柴烧，是灰釉。柴烧是一种古老的技艺，烧窑难度相当高。这项技艺主要利用薪柴为燃料烧成的陶瓷制品。而灰釉，是田承泰为自己量身打造的钻研领域。那时候，各种釉药的顶尖人物都有了，但当时台湾没有一个灰釉的老师，因为灰釉本身是件很麻烦的事儿，很少有人愿意坚持做下去。灰釉要有地方烧，把木头烧成灰，烧完了这些灰，要拿来当釉，还要筛，还要洗，光洗这一道工序就要进行 9 次以上，因为它含强碱，要洗得很干净，再把它晒干。

一吨的木头可以烧出约 10.8 斤的灰，然而要烧这些灰必须花上 15 天。所以这个灰取得不容易，一些陶艺家也没地方烧这个木头，都住在公寓里，没有适合的环境可以去做，因此也就很少有陶艺家会去做灰釉。

但是，既然选择远方，便只能风雨兼程。

田承泰得知有一位老师从日本学柴烧回来，还自己盖起了柴窑，他马上前去拜师，一学就是一年。春夏秋冬，他通过柴烧感受着季节的变化。

当他听闻大陆的"焗补"技术好，他便专程飞到辽宁，拜师一

位老先生，但老先生出于某些原因拒绝了他，他只好悻悻然返回台湾。后来，老先生到台北来开授课程，他便专程从苗栗驱车前往听讲。

董桥说，中年是一杯下午茶。而对田承泰来说，中年这杯下午茶仍是滚烫的，还冒着热气的。

灰釉的灰，他研究了 7 年

在柴烧这门古老的技艺中，没有什么成果是一蹴而就的。事实上，仅仅为了研究柴烧的灰，田承泰就花了整整 7 年时间。

最初，在二十几年前，田承泰是从电窑和瓦斯窑开始学习灰釉的。灰釉在台湾见得少，但田承泰依旧在做，这是他的本色当行。灰釉的灰，仿佛是看不清的尘世面容，实际清洗起来也相当麻烦。

花费工匠一周烧完的灰，要先把杂质筛掉，再进行清洗。灰里含碱，这碱必须洗掉，直到灰不会有滑腻的感觉为止。

目前市面上很多品相呆板的灰釉，就是用人造灰来做釉药的，其中灰和其他的东西比例最高是 20%。因为田承泰没有学过釉药，因此就选用灰本来的颜色，这花费的工夫和学习釉药是一样的：柚木灰白一点点，相思木黄一点点。经过了 20 多年对灰的研究，田承泰对灰釉的表现已经达到出神入化的水平。

大部分的中国烧柴窑者对于灰的概念还十分粗浅。事实上，这种认识的不足与中国自古以来在瓷器上的审美息息相关。中国古人相信纯粹的才是美的，前辈们一直致力于从瓷器上寻找出了极致的精美釉色，这种审美流传到日本，才发展出如今别致的朴素美学。

田承泰说自己要走到一个领域的顶级里去，创造自己的风格。他不想做瓷，因为瓷已经做到了极致，他认为今人不可能超越前人了。

而陶不一样，还可以追求超越流派，超越老师，超越自己的上一窑。

他在十几年前，开始了这场漫长而艰辛的探索。他奔赴关中，在西安的博物馆见到唐代的灰釉柴烧，虽然是生活器皿的大瓮，但估计放在了窑头，灰还没有完全烧融，应该不是有意为之的。他又见识了云南少数民族保留的熏烧，此后，精工细作的老陶器几乎没有了。在田承泰看来，这是"因为柴窑的窑头才能熔，古时以此来判别温度到一个程度，有的釉熔了，是因为前面第一排'熟'了，窑头的东西是温度计"。后来陶器的做法是用灰加土，调上了釉，让燃点低一点儿，烧好后才不会漏。景德镇过去也用柴烧，但要给瓷器盖上，怕灰进入瓷器，因为那种"精致美"把灰摈弃了。这就是中国的古典审美。

　　但田承泰对柴烧的追求，是颠覆性的反方向。他不再追逐古人那种纯粹，而是尽力呈现灰的本来颜色。他说："每一种木头的灰的颜色都不一样。"曾经有爱他灰釉的人，把这些排列组合进行过非常详细的归类，哪些是龙眼木加相思木，哪些是桧木加相思木，哪些是柚木加桧木，而这些配料的排列组合配比不同，就会产生完全不同的质感和颜色效果。

　　田承泰说："灰釉是不稳定的，要看灰怎么变化，这不是能买来的标准商品。"

　　"你要把作品烧到极致的程度，那就要反复研究，我的选择是回窑再回窑，回到作品坏了为止，回到我满意为止。不是成功就是失败，赌徒心态啦。"

　　柴的大小、长短、粗细和干湿程度等等，看起来毫不起眼的细节，都关乎灰釉最终的颜色。从白到黄这条色系中，他可以分出无数种颜色的组合搭配，质感也不同。

　　他喜欢完全天然的颜色，喜欢那种在大自然中随处可见的光泽，因而，他就无须使用化学的颜料，而只有木头的灰，从大地来，到大地去，才会使他觉得，自然的色彩足够丰富，柴烧的颜色本来就足够营造一个丰富的审美世界。正是这种对灰的理解，让他的柴烧在后来呈现出完全想象不出的颜色，那是无穷的自然之色所赐予作品的不竭之美。

　　在田承泰的作品中，灰，是这些寂灭的木头的魂灵，承载了太多的意义。至今，他仍然记得 20 世纪 90 年代，他住在台北三芝，那里离海很近。为了研究灰，他常常一个人在海边放一把火，看它烧个三天，回来的时候，他把灰带回家做釉，顺便带上自己钓的海鱼。为了烧出更多不同质感的灰，田承泰经常一个人守在海边捡浮木，晾干，焚烧。那是一段纯粹的仿佛与世隔绝的时光，正是这段岁月，奠定了他对"灰"异乎常人的理解。

　　灰是不容易获得的，田承泰说："1 吨木柴烧成六七斤灰，大概需要 3 天时间。也只够抹 3 个大茶仓。"越南的桧木很好，以前的木材厂是免费给的边角料，现在难得了。而台湾的树木不能随意砍伐，因此对柴烧来说，唯一的木料来源是木材加工厂。

最早的时候是免费的，他们出车去拉就是了，木料很多，只有两个地方要，一个是烧柴窑的，一个是温泉。后来做柴烧的人越来越多，木料也从免费到三五百元台币，再到 1000 多元台币，噌噌往上涨。

盖一座夫妻柴窑

仅仅把灰琢磨透还不够，优秀的柴烧师都渴望拥有自己的窑。

建造一座柴窑首先要有一块地，台北地价太贵，位于台南苗栗的南庄是田承泰的故乡，他决定把自己的窑安放在那里。他卖掉了台北的房子，到南庄买了这块地，盖了工作室。然而窑厂并不那么容易建。做柴烧需要盖窑，需要叠窑等，窑的热胀冷缩考验着每一个师傅的手艺。

田承泰跟太太说，我们继续学吧。他们去找台湾柴烧的老前辈简铭照老师，简铭照刚刚从日本学习柴烧回来，在台湾自己盖窑。田承泰诚恳地对简铭照说，简老师我想来你这边学柴烧。简老师一口答应："来。"田承泰就跟太太两个人在简老师那边整整学了一年。为什么要学一年呢？简铭照说，一口窑是有生命的，它有春、夏、秋、冬，四季轮回中，它的温度、湿度、压力的变化，还有风压，你都要懂。

一年以后，田承泰和太太回到南庄，开始盖窑。柴窑在烧制过程中会热胀冷缩，它是有寿命的，差不多经过 50 窑，就要被淘汰了。为了掌控自己的柴窑的寿命，田承泰决定自己盖窑。起初，他连叠

砖都不会，但他肯学，后来奇迹般地花了一个月的时间就把窑盖好了。此时，太太早已关掉了服装店，他们夫妻二人守着这口窑，这是属于他们的"夫妻窑"。

盖好的窑，总算要烧了。但是首先，他们需要准备木料。

他们这口窑烧一窑大约需要5吨的木材，大大小小的木柴都需要。木头准备好了，开始叠窑。田承泰说："叠窑是有技术的，不是说随便把作品摆上去就好，要考虑到火怎么走、怎么窜。好比说作品要摆这里，火可能会从这边过来，那你这是要什么作品来挡，什么作品来遮，这都是有学问的。"从这个意义上说，田承泰就是用火焰做画笔的工艺师。

一切准备好了，开始烧窑了。烧窑是非常辛苦的活儿，窑口的温度高达1250℃，站在那个窑门口投送柴火，不一会儿，浑身就汗淋淋的了。一窑烧下来，几件衣服都不够换。

　　高温仅仅是生理上的灼热，更可怕的是窑倒了。有一天，田承泰正在休息，田太太在烧，她跑过来跟田承泰说窑怪怪的，好像倒了。听到这个消息，田承泰一股脑儿从床上爬了起来，叠的窑真的倒了。他们夫妻二人目瞪口呆，坐在窑前面蒙了，完全不知道要做什么。最后，田承泰说把它封起来，等它降温再来收拾吧。

　　2005年，他们的窑再一次不幸地倒了，这一次他们学聪明了，太太马上去拿相机，田承泰则用铁钩子把作品钩出来，因为它只倒前面的，后面还有一排。那是快封窑的时间了，他们赶快把它拨到旁边，木头照样再丢再投柴，他们要救后面的这一半的作品，结果后面这一半被救起来了，烧得非常漂亮，它凉了以后是相当罕见的红色。

看似一成不变的丢柴动作，其实也都是在思考。他知道，有时就只差两度上不去，木柴怎么丢都没用，没想法的丢更是一种浪费，因此需要转换木材的粗细、种类、湿度或丢的位置，以认真的态度，和窑对话。

对田承泰而言，烧窑就像一场修行。每次烧窑的时候，田承泰都会在旁烧一壶普洱茶，明明烧窑的温度很高，喝杯热茶反而可以让人静下心来。

在一次分享会上，田承泰对观众说起他自认为最精彩的作品，那不是一个茶杯，不是一个达摩像，而是他的窑壁，没错，只是窑里面的窑壁。那块窑壁出自他烧了40多次的一口窑，窑烧了40次以后已经不堪使用。田承泰把它拆掉，因为其中一片墙仿佛飞湍而下的琉璃瀑布，那是火焰和时间在窑壁上的神奇杰作。40窑每一窑的落灰都附着在这上面。

田承泰自豪地说，他最精彩的作品是这个窑壁。

窑变：每一件都不可预知

对田承泰而言，选择柴烧是生命的一次蝶变。

而对柴烧本身而言，田承泰也经历过许多人梦寐以求的窑变，他甚至还把这种人们认为可遇不可求的窑变，变成了稍加掌控的艺术创作。所谓窑变，主要指陶瓷器在烧制过程中，由于窑内温度发生变化导致其表面釉色发生的不确定的自然变化。窑变的结果，不外两种情况：一是窑病，二是窑宝。田承泰所要做的是变出更多的窑宝。

传统认为窑变不可控，但是田承泰刻意控制每窑里 1/3 的东西有窑变。

事实上，在自造的窑里，灰、火和烟都要受到艺术家的一定掌控。"这个色彩是火冲过去，才会有，罐子要横着放，产生的窑变色彩比较丰富。"田承泰说起他的每一件作品，都能记得当初自己设计的思路，但柴烧是那么的不可控。田承泰曾有一件非常喜欢的作品，

他非常想要复制这件作品。于是，在之后的几十窑里面，每一窑他都放一个进去，每次都想复制那个完美的，但结果出来没有一件像起初那样，每一件都不一样。

要控制窑变实在太难了。大件是很困难的，做得很薄的话容易裂；拉坯时上下不平均，就会垮，会变形；在窑里水分不平均，要么底裂，要么烧不熟。一次开窑，这个又要落灰，又要漂亮，又有火痕，全都占据不太可能，不裂、有颜色就不错了，只要稍稍有一点儿颜色，就已经很好了。然后再反复回窑三四次。不是最好，就是最坏，没有中间值。田承泰试着说服自己接受这种千变万化的不确定性。

但他仍然重视自己的设计，他知道，窑里设计的火路决定了火在器皿上的跳跃痕迹。比如高的旁边要放低的，如果摆一样高，不会有什么变化。排窑的复杂和造窑一样，设计要先了解火焰的位置和轻重，对于火流在窑内窜流的情况有一个事先的模拟，才能为作品选一个恰当的位置，3 平方米之内，一排就是一周。田承泰说："有时投柴会打坏器皿，比如壶嘴。"又因为陶土的寿命有限，也有受不了的时候，有些回了三次窑的，虽然很小心地摆在温度相对较低的后面，还是烧坏了，然而上面烧出兔毫了。

但他的茶具毕竟更受欢迎，他的窑盖就设计得与众不同。他用的是适合的泥，不是烧砖，而是有点儿瓷化了的。

他通过研究发现：茶具放进柴窑后，先被烟熏，是只有木柴才有的烟，烟把表面熏黑，和落下来的灰在一起，形成炭灰落下来。在化学上，这些可以除异味杂质，高温烧后，釉就没有重金属等问题。但是温度上去很难，烧得温度均匀更难。柴窑的失败率很高，窑的中间和边上不一样。土胎烧结的临界点，跟每一块土泥有关系，不是绝对的。紫砂没有那么高的温度，朱泥可以到 1240℃，可是再上升又会破。普通柴窑只能到 700℃，田承泰的窑，温度能上升到 1260℃ ~ 1280℃，不是只上升一下，而是维持一段时间。

田承泰有一个很经典的罐子，底是土坯的颜色，一层层颜色的层次开始蔓延，普通柴烧只有土色和金属光，看着红红的而已。这个罐子不是这样，一层层的很多颜色，渐层上面有落灰，有的厚有的薄，这个灰是一层层叠上去的。因此灰里面有黄、绿、蓝，在太阳光下的颜色会变化。有一个藏家是考古工作者，对土最有研究，他觉得田承泰把天然土的质感玩得太精彩了，静态里蕴含着不尽的动态。

窑变的结果全凭运气，这就决定了开窑和开奖一样，可能让人欣喜，也可能让人流泪。开窑时，要在 100℃以下，但兴奋的田承泰曾在 180℃时冲进去拿了一件跑出来，结果"砰"的一声碎成了两半。田承泰说，封炉以后第 8 天，要等窑的温度终于降了下来，戴着手套进入大约 53℃的窑。

一个个罐子被田承泰抚摸着、旋转着拿出来，这些窑变的精彩他先一个个地看，每一件都是不可预知。

光做陶就可以养活全家

田承泰的作品是柴烧界迄今为止唯一能上拍卖会，且平均价格远高于市面上所谓"柴窑"商品的一个品牌。"田"字落款像个拙朴的格子，怎么看都一样。现在但凡收藏柴窑的藏家，都以田承泰的作品、价格、风格作为标准，他倒也不以为意。"价格只是一个参考标准。"他谦虚地说。

然而时光回到他的处女作，一切都还是兴奋的模样。毕竟，6年收入为零的状态，对每个男人而言，都是黑暗无光的岁月。

6年后，当第一窑作品烧出来的时候，田承泰迫不及待拿着仅有的几件大小东西，放在车的后备厢。他一个人开着车上台北走街串巷地寻找，寻找一个发现他的人。十几年前，当时台湾还没有多少人认识柴烧的价值，对于研究灰釉的田承泰，很多人不过是笑一笑，而他自己却极为自信。他在台北街头漫无目的地游走，他不知道卖给谁，也不问，他只是在找一家店，一看就懂他作品的店。

后来，他终于看到一家小店。他拿了一个罐子进去，什么也没说，就往桌上一放。老板跟他说，你的作品我可以接受，你车上还有没有？他说有。车上的那几个老板全部拿走了。老板还跟他说，你家里面工作室还有没有？田承泰说："不多，还有几个。"老板就跟着他去拿了。十几年前的这次处女作，一次性卖得40万台币。田承泰拿着钱，直接开车到太太的服装店，以近乎命令的口吻让她关门，他说："你现在可以收一收了。"他已经完全以柴窑获得了市场的认可，光做陶他就可以养活全家了。

那是6年来，他的作品第一次受到肯定，多年以后，他仍然无法找到合适的词语去形容当日的心情。他只记得，那天，他和妻子都流泪了。

如今，做柴烧的人越来越多，田承泰的作品的高价令人企羡。很多人想探究田承泰有什么秘诀，田承泰说，市场是聪明的。他坚持每窑只有二三十件，而且只有一窑，绝不多开，也不帮别人烧，更不会弄自己品牌的"A 等""B 等"。他知道，一旦这样，大家一定会买"B 等"，因为便宜，又有签名落款。艺术家自己知道哪里有瑕疵，哪里可以做到更好，但是购买者是看不出来的，只想拥有。那么，他的作品变得不只是艺术品，而是商品了。另一方面，田承泰刺激了高端的购买市场。但收藏家已经买过这样的东西，只会买

更好的，不会容忍艺术家的惰性。然而，田承泰的作品妙就妙在他的每一件作品都是独一无二的。

听说很多收藏家都喜欢田承泰的手，他的手指粗长，关节很不匀称，好像一块能活动的泥巴，指甲上因为施力过多形成了凸起，手上的指甲完全被指缘包住，给手增加了一个关节和施力点。我们去采访他的时候，他正在工作。没有丝毫的做作，"唰"地抓住一个罐子最舒服的位置来给我们看它的釉色，很有质感地摩挲任何一个口杯、公道杯乃至大茶仓，从他的动作就能看出他做每一个物件时的手势和用心。

艺术评论者总爱举日本茶道大师千利休的逸事，来说明了不起的艺术品应该是怎样的。一个陶匠的制陶功夫特别好，利休希望他给自己做一个茶碗，陶匠因为是利休提出的要求，所以做了一个特别精致美丽的碗。结果利休说，我要的是不讨好我双手的碗。陶匠再拿出的果然是自然的碗，而手拿上去却无比贴合舒服。这才是一个自然之子的杰作，是利休向往的神品。收藏市场的买家认为田承泰的作品已达到"从不讨好，永远贴合"的效果。

"我觉得，匠人是一种态度，就是他这种态度让人觉得他就是匠人，不会被外界影响到他当初做陶的那份心情，把他真诚的生活态度跟心态反射在作品上面，让接触到作品的人可以感受到那种氛围。"田承泰的儿子田彦廷解读他父亲的作品时说。

云彩不是每天都有的

鸟飞返故乡，田承泰终于回到了自己的故乡。

2007 年，田承泰选择离开台北市的家，自己买地建窑，有了现在诗画一样的作坊。"靠自己的力量买地建窑，我还是第一个。"
田承泰对自己的生活颇有些自豪，说这话时，他仿佛一个天真的孩子。
其实他是一个英雄，就像奥德修斯在海上航行10年，最终回到自己
的故乡一样。

　　他的工作坊在苗栗，号南庄，在台北以南。从台北过去，一路
向南，高楼和工厂逐渐被丘陵、大山、森林代替，山里一路都是落叶。
那是田承泰自己修建的道路，古树参天，经常有猎人带着猎狗来。
那是个幽深静谧的处所，周边本来一个邻居也没有。但是很快他家
后山就盖起了风格完全一致的日式山居别墅，直接对着田承泰的窑
口。许多大藏家在那里等着田承泰的作品，但田承泰一点儿也不着急。
这是他的故乡，这是他的田园，归去来兮，他要慢慢享受故乡曼妙
的风景，过一种张弛有度的生活。

　　如今的田承泰夫妇，烧窑的时候便集中忙一段时间，甚至几天
几夜不睡觉，一窑结束，便过一段优哉游哉的日子，每天喝喝茶、
喝喝咖啡，出去拍拍风景。外人只看到后者，可能觉得他很会享受
生活，但他自己觉得并没那么玄妙，他并非在享受，他只是在生活，

对他而言，他的生活日常就是这样的。"如果今天云彩很漂亮，我们就不工作了，因为云彩不是每天都有。"到山上拍日出，到海边拍夕阳，日子就这样一天一天被过成了艺术。这正如他崇尚自然的原灰一样，他原本爱的是自然，爱万事万物本来的样子。

能忍受一般人所不能忍受的苦，在山野里成长，在城市生活20来年又回归山野，田承泰似乎也没有觉得痛苦。他和太太的生活其实非常朴实，早上起床推开窗，有时会和窗外的野兔对视，然后发会儿呆。我们在他家里喝茶，他几下就能爬到后山的大树上去采下树上开的花。

过去，有不少年轻的陶艺家都在问："田老师，您这样子在烧，您觉得要用什么去平衡？"田承泰说："我只知道下去烧，我不问收获，烧这个柴窑你要成功真的很难，不是那么简单，很累。"但他还会补充一句："做柴烧，你只要多付出一点儿，它就会回馈给你。"

自然也会有馈赠，馈赠那些不负自然的人。生活也会有馈赠，馈赠那些懂生活的人。在云彩和柴烧之间，田承泰优哉游哉地在南庄生活着。

采访侧记

苗栗，台湾中部的农业大县，从主干道进入之后，穿过县道、乡道，来到纯朴的客家聚落南庄，通过南庄最热闹的街道，行经结满黄澄澄稻谷的农田，抵达一处没有地址的私人土地，是有泥窑的所在。

有泥窑窑主田承泰，40 岁才开始学陶，目前是台湾柴窑第一人，他是陶艺界的奇迹。

40 岁前，田承泰做过许多工作，他买卖过老家具、陶艺品，也玩儿过木雕与石雕，但没有哪件事做得起来，还小有负债，经济窘困。太太陈羽莲和他商量："土一包 300 块，你要把它创作出 3000 块、3 万块，甚至 30 万块，你能办得到吗？"他允诺："我能办得到。"

为了让田承泰下定决心，太太陈羽莲花了两万元让田承泰去学陶，就是要给他压力，她自己在淡水开了一间服装店，独立扛起一家生计。

太太的调教像是框架，让田承泰这位老顽童受到束缚，但奇妙的是，顽童却因此收敛童心，只留下玩性，创造出与火、木、陶对话的杰作。

刚投入陶的领域，田承泰选择不需学习釉料技法的灰釉，他到海边捡漂流木，回来将树木分类，同样的木头一起烧，烧出来的灰烬再和泥混在一起，涂在土坯上，送进窑里烧，不同种类的木头烧出不同颜色，厚实的流釉呈现的虫蛀效果，是田承泰灰釉作品的经典。

6 年的时间过去，田承泰觉得自己的作品成熟了，于是拿着陶器到店里求售，老板一看，跟他说："你有多少？我全买了！"田承泰实现了对太太的承诺，他向太太说："你的店可以收掉了，我做陶就可以养活你了。"

　　但灰釉需要大量的木头，台湾的木头不易取得，灰釉做了一段时间，田承泰选择柴窑，柴窑最重要的就是烧窑的过程，他到处看地，最后缘分落在故乡苗栗南庄。

　　后来田承泰才知道，这里的土质富有油质，还带点儿晶晶亮亮的矿石与铁质，烧过之后呈现红色。原来故乡一直呼唤他回来！

　　他们在这里买了地，建了小木屋，盖了柴窑。这里没有信号，也没有地址，要到这里来，必须由田承泰带路，几位粉丝跟着来附近买地盖屋，假日到此相伴，说是要一起养老当邻居。

　　但最常陪伴有泥窑的还是烧得透红的柴火。

　　田承泰夫妻一年烧 12 窑，每一窑都要烧上 12 天。烧窑的日子两人一起顾窑，夏日蝉鸣，是有泥窑最常听见的声音，偶尔风吹竹林，竹丛声声作响，大自然的声音陪两人一起投柴，等窑里的作品蜕变成美丽的精品。两人有时谈话，有时也不谈话，更有些时候，田承泰说话的对象是火，因为每一窑总有难以控制的变化，火神至今仍是可敬的对手，他默默请求火神让这一窑升温顺利。

这样与火搏斗的过程中，田承泰总是习惯煮上一壶茶，他从窑里弄出一把烧红的炭，让炭烘着普洱茶，投柴的温度让他的布衣全湿，脸上满是汗水，喝一口热茶反而让他静心。饮茶是生活中少不了的习惯，小时候祖父家就种茶，每天早上一睁开眼就是喝茶，直到现在自己茶具，每个茶碗一定有三个就口的地方，贴合手的握感也是田承泰的坚持。

喝一口热茶，田承泰继续烧窑，他和与太太轮班连续烧了四天四夜，烧窑到了第四天傍晚，当温度到了 1200℃，田承泰封住窑门，这时不丢新柴，而是从侧孔入炭，有了黑炭助燃，瞬间转为熊熊大火。为了封住从窑口蹿出的火舌，让作品产生惊艳的窑变，田承泰几乎要与火碰在一起，那种与火面对面的决心，超乎常人能理解的范围。

封窑之后，需等待 7 天降温冷却才能开窑，这段时间，田承泰喜欢和太太两人四处游历去拍照。他喜欢开快车，最讨厌塞车，于是他舍弃车多的高速公路，宁可走滨海公路，绕远路也好，就是不愿意在车阵中等待。邻近苗栗南庄周边的许多景点，都有他们拍照的足迹，在优美的加里山拍云雾，在海山渔港拍沙纹，在山顶上拍日出。田承泰可以为了拍摄美景起大早，等上几个小时也不在意，一切就只为了捕捉一瞬间的风景。就是这样爱玩儿的个性，让他在陶艺世界中玩儿出极致，甚至以赌徒的心态烧窑，以烧成的作品再次送进火里回窑，也许全盘皆输，但为了迎接那一两件精品，他愿意！

有泥窑的后方那一条小小的水路，就记录着他烧窑赌注的历程，从上游小池流下的溪水，在这里流成一条小小的沟，水下都是破碎的陶片，是田承泰烧了 70 窑的记录。每次出窑都是砸碎罐子的时候，稍有一点儿瑕疵，田承泰就会把作品砸破，对他来说，他要的不是那百件作品，而是那一两件精品。他不把作品分"A等""B等"，因为不完美的作品当然不能与收藏家分享，于是这些破碎的陶片，铺成了一条小河，记录着田承泰烧窑的过往，是田承泰的柴窑历史之河。

苗栗是窑场，而在台北三芝的老家附近，田承泰则布置了一处"茶空间"，典雅简朴，走进去就让人静心，陶器上插了新鲜花材，就像在

空间里点缀了诗意。这是属于田承泰的"茶空间"，炭火烧着茶，他以茶匙舀了茶汤，落在茶碗里。他的柴窑茶具，因为柴烧的过程中落灰附在陶器上，灰中的炭过滤了水质，让茶变甜，仿佛去芜存菁，将苦涩转化成甘甜，就像他的作品一样，都是精品。茶主人泡茶让每一桌的客人握杯品茗，分享田承泰的杯与田承泰的茶哲学。

不知道他的人问他的职业，他总是以闽南语回答"我做土水的"，意思是自己是泥水匠。他习惯谦虚，却不喜欢藏私。刚认识他，以为他沉默寡言，问题总是田太太回答，但是相处了几天，才发现他是喜欢交朋友的人，话里总是有着笑容，一句一答，乐于聊做陶的心得，总是无私地分享做陶的学问。就像他常跟收藏家说，他的作品一定要用在生活之中，不要供在那边，要用过才知道整件作品的感受。

田承泰的作品一如其人，毫无矫饰，绝不做作，揉土造器，与火对抗，4天4夜的烧窑是长期的煎熬，但开窑的惊喜却让他愿意一次又一次地排窑。玩儿出自在的本心，让作品以真示人，自在朴实，就是柴窑第一人田承泰最迷人之处。

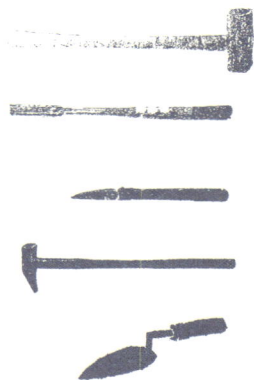

第九章

京城铁匠，
斯文硬汉

——铁器匠人蔡德全

世上有三苦：撑船、打铁、卖豆腐。
生于 1968 年的蔡德全以前从没有接触过"打铁"，当年仅有 25 岁的他只身从云南临沧来到北京成为一个"北漂"，投身绘画行当十几年，却突然放弃了绘画事业，抛下伴随自己 20 多年的画笔，拿起大锤小锤，在京郊开了一个小小的铁匠铺，成了一位新时代的铁匠，开始了他"日出而作，日落而息"的铁匠生活。

　　他伴着小镇里铁匠铺子的锤打声长大，北漂成为一名画家后却发现，记忆中的铁匠铺子已经无处可寻，不甘心看到手作铁器在工业化的碾轧下悄无声息，他拿起铁锤，成为一个"日出而作，日落而息"的铁匠。

　　那么，他是否找到了关于人生和意义的答案呢？

童年里的铁匠梦

　　说起铁匠，蔡德全很是感慨，他说在他还小的时候，小孩子是没有那么多娱乐活动的，每天疯玩儿的时光里，最开心的就是去村里的铁匠铺子转悠。那会儿到处都有铁匠铺，每个村里的铁匠铺就是一个修理器具、服务大家的地方，并且小孩子都很喜欢去看铁匠干活儿，有时还会排队拉风箱。其实，那个年代的小伙伴们都是 DIY 高手，能用自己捡来的木头边角料做出很多木头玩具，不过木头易做，铁料难搞，收集到的小块铁料很难处理。当然这对于铁匠可不是什么难题，他们会灵活地把铁料做成各种物件。孩子们觉得这能力太酷了，仿佛有魔力，把铁匠看作神一般的存在，所以即使他们住得

距离铁匠铺再远，玩闹时也还是会去崇拜的铁匠那里看看。

在蔡德全北漂的日子里，他在绘画创作的同时也制作着一些金属器具和雕塑作品，他常与铁匠师傅合作，拜托他们给打一点儿小配件。不过随着时间的流逝，尤其是在七八年前，蔡德全渐渐发现铁匠师傅很难找了，当时他并没有在意，但当他后来突然发现真的再也找不到一位铁匠师傅时，他才意识到了问题的严重性。在寻找和调查的过程中，蔡德全发现，实际上，铁匠的工艺正在中国快速地消亡。这种来自儿时的迷恋，记忆中关于铁匠铺里叮叮当当声音的美好回忆，正在渐渐消失，甚至已经消失。

面对这种无力的消亡，蔡德全认为这是一种罪过，一种允许了古老工艺在当下失传的罪过。他开始认真思考铁匠行业出现的问题，不断在北京周边的地区调查走访，之后总结出了现在的铁匠产业中存在一个悖论，即生产力和产品之间价值的不对等。

人工费是昂贵的，用人工一天能敲出两个碗，这两个碗就要卖到几百块钱才能赚回人工费。而工业机器一天可以做几百个、上千个，每个产品只要卖十几块就可以了。

现实是残酷的，那么手工制作的物品，它们的价值要怎么体现呢？毕竟手工制作的碗和机器生产的碗在功能上是完全一样的，消费者没有理由花更多的钱购买手工碗。

　　另外，传统匠人的生产模式也有一些弊端。传统的铁匠很多是没上过学，也没有学过美术，能接触到艺术文化的人就更少，他们只会打造农耕用具和一些简单的生活用品。而今人们在审美和用品形制需求上有了很大的改变，铁匠们跟不上这种巨大的转变。同时，大多的铁匠都是世代传承，父亲打镐，儿子也打镐，他们打制这些物件是很流畅和顺手的。但随着时代的发展巨变，传统的农耕时代已经结束，大机器生产的现代化农业兴起，工业机器介入，传统铁匠铺的用户群正在快速减少甚至完全消失。这种情况下铁匠辛辛苦苦打出来的产品就无人购买，铁匠们的生活陷入窘迫，他们就不愿意让自己的孩子继续打铁，因为既辛苦又不挣钱。铁匠的孩子在见到了父亲的辛劳和家庭现状后，也会放弃继承父业而从事别的行业。这简直是恶性循环。

艺术拯救手艺

　　在清楚了铁匠行业的现状后，蔡德全发起了一个计划，希望用艺术的方式和力量来拯救铁匠工艺。可以说这是一个前无古人的计划，蔡德全的面前是一片未知的领域，他只能摸着石头过河，不断地走，不断地思考，不断地整理一些心得和经验，然后再把经验传递给需要这个工艺的年轻人和匠人。这个计划在他看来是一个艺术家需要做的事情，更准确地说，这个计划其实是一个实验，要通过不断实验，把得到的好结果告诉大家，这是为了让有志做铁匠的人们有个方向。蔡德全给自己的"铁匠铺拯救计划"制订了几个目标：第一要有改变，铁匠用古老工艺制成的作品，要被当下的年轻人和媒体接受，也就是说，只有当一个匠人的作品的审美和需求符合当

下时代的生活状态，才会有人为你的作品埋单。第二要有身份，蔡德全不希望铁匠还是十几年前被社会遗忘的状态，而是说大家到铁匠铺来，会叫你一声老师。换言之，铁匠这份工作要能够赋予匠人一份尊严。第三要有赚钱的能力，作为一个铁匠，必须能够养家糊口，甚至活得更好。只有实现了这三个目标，"铁匠铺拯救计划"才说得上基本成功。

怀抱着这样的心态，蔡德全在儿子出生一个半月时，毅然决定放弃画家身份，从头开始，成为一名铁匠。对于这个决定，家人一开始是不理解的，因为在当时，蔡德全已经做了20多年的画家，事业小有所成，作品也有市场。在这样一种平稳的生活状态下，一般人都不愿意走出"舒适圈"。无可厚非，在衣食无忧时突然去从事一个完全未知的行业，大家都会有一些担心和忧虑。

当蔡德全对家里人讲明自己努力的方向时，家人还是觉得有点儿冒险，但是蔡德全对自己有信心，于是他慢慢地开始了这个计划。

对于铁匠铺的运营，蔡德全想得非常多，他非常看重这个艺术计划，并把这个艺术计划变为现实。他放下所有的一切，真真切切地在北京东边的一个小村庄，重建了一个传统的铁匠铺。在创建店铺的过程中，他也是有很多设想的，例如想去用手艺人对待事物的态度，实践一些手艺人做生意的方式，他试着一步一步实现老手艺人们很多说法的可能性，例如"酒香不怕巷子深"，是不是真实有效的。毕竟因为改革开放，人们普遍追求的是更快、更高、更强和更有效率的做事方法，总是希望事情马上能够兑现结果。蔡德全希望在这个新时代里，用一种慢的方式，回归到一种慢的生活。

蔡德全要看看，到底老一辈人说的"酒香不怕巷子深"是不是有实现的可能性，自己到底能不能靠着口口相传的方式将铁匠铺的名声传播出去。铁匠铺的存活与发展，蔡德全将赌注压给了"口碑"

铁匠铺子的 4 年

从 2012 年铁匠铺子开张到 2016 年，蔡德全的铁匠人生已经走过了 4 个春秋，目前铁匠铺的整体状况是非常好的，甚至超越了蔡德全之前想象的。干打铁这行，他本人完全是从零做起，甚至工具在最初时都没有这么多，都是在成为铁匠的过程中，一步一步边做边积累起来的。刚开张时，铺子里的家伙就只有朋友送给他的一个小电焊机，还有 40 块钱收来的一架特别古老的小三轮而已。而蔡德全一开始打的主意其实就是为周遭的人服务，他觉得其实铁匠铺的功能不仅仅是打制铁器，它其实是一个村子里的维修点，有点儿居民服务站的意思。

刚开张时，蔡德全就把门打开，因为铺子在路边，第一个上门的生意，是给一个过路人焊了自行车脚蹬，焊得不好看但是很结实，这笔生意的收入是两块钱，这就是铁匠铺的第一笔收入。小村子民风淳朴，人口也不复杂，村里的老太太们见到铺子后，就把这个消息传播到村子的各个角落，没过几天整个村子的人都知道了村里新开了个铁匠铺子。然后就有了各种业务上门，像是焊狗笼子、修大门等等，各种零零散散的活儿就这样找上了蔡德全，铁匠铺就这么起步了。过去铁匠只会打那些锄头、镐之类的东西，但是打铁的技艺是非常有魅力的，它的魅力源自男性的阳刚气，这在当下都是很缺失的一种审美，所以蔡德全很是希望能够做出点儿自己的产品。

一开始，蔡德全只是知道过去的铁匠打制出的东西在现在这个时代是没出路的，但究竟要做点儿什么物件却是没想好。如何用这种技法打制出一个产品并且让当下的人接受，当时他想到了个法子，就是观察身边的人在用什么，他们喜欢什么样的东西，能接受什么样的审美，是洛可可风格，还是极简主义的东西，还是其他的美学或者文化的东西。蔡德全一边观察一边分析，他的这种思考方式是之前传统匠人所没有的。他发现他艺术圈的朋友们，文房四宝要用，要有镇尺，要有笔架，要有笔筒，于是就试着先打打镇尺，打打笔架什么的。等到朋友上门一看，哎哟这个是你打的啊，这个有意思啊，你卖多少钱一个？

生意就这么慢慢起来了。靠着蔡德全坚持的口口相传，朋友们也带了很多新朋友再到铁匠铺子逛逛，这些新朋友有了新要求，于是制作的物件形式也就多起来了。后来他又发现，往来铁匠铺的客人朋友，大家都爱喝茶，就琢磨起来是不是可以打一些茶器给大家，所以他又尝试打了很多茶艺的叉子、杯托、壶承等等。思路打开后，目光又瞄准了花器，这个产品一出来能接受的人就更多了。铁匠铺

子的门口还是没有店铺名或者任何标志的，就希望大家能通过"酒香"穿过深深的巷子找上门来，寻找到这里来。不做广告，也是为了关着门好专心干活儿，维持比较好的状态。

铁匠铺子慢慢走上正轨后，蔡德全做了很多跟铁器相关的作品，希望通过广泛尝试找到一个突破点。最终，他选择"钵"这个器物作为创作主线。之所以会选择"钵"，他是有一些在艺术上的独特思考的：第一，从工艺角度看，钵这个器物是很难打的，从一块铁板或者是一块铜板开始，最终变成这样形状的一个器物；第二，也是更重要的，钵本身是有独特意义的，它是僧人用来吃饭的碗，在生活中实际的功能显而易见，而且它的深层次精神含义在于，钵带有宗教信仰，很有禅意，并且有源源不断提供创作灵感的能力。通过对钵的敲打，蔡德全想呈现的是对自身信仰、社会信仰、宗教、现世的一些认识或者探索。他试图寻找这种既有神秘感又接近我们生活状态的一个器物，然后通过自己的制作，深挖器物的内涵，把它呈现给大众。从作品创作的角度考量，这是一种全新的钵的形式。传统手工艺的拯救和复兴，一定要跟文化和艺术进行充分结合才有前途。

经营到中期，铁匠铺子开始有村子外面的人慕名前来了。铺子所在的喇嘛村藏龙卧虎，有一天蔡德全在打铁，有一个人寻声而入，他说师傅你是在打铁吗？能看看你的作品吗？这人看了蔡德全打制的碗和钵这类禅修用品后，问蔡德全能不能预订两个这样的钵。生意做成了，朋友也交上了。后来蔡德全才知道这个人叫木开，平常一个人在自己的小院子里修行。他不像是一个普遍意义上的出家人，和他说话会让人感觉很舒服。还有一位禅宗修行者曾经带了蔡德全做出来的一个钵，去西藏阿里甚至印度长途修行，并进行交流活动。

新时代铁匠的新尝试

铁匠铺被越来越多的人知道后，蔡德全也陆陆续续收到一些来自朋友和网友的反馈，说他的很多自主设计的器物被人仿制了。但蔡德全对此并没有很生气，因为他始终记得自己开铁匠铺的目的是拯救铁匠这个行当，是一个艺术计划。他认为自己被山寨意味着越来越多的人开始关注铁匠的存在了，虽然很讨厌山寨的做法，但是在中国目前的情况下，他只能暂时容忍这个行为。

"很多对打铁感兴趣的人，特别是年轻人，因为传承的断代，他们是没有任何参照物或者一个学习的地方去满足自己的兴趣的，在他们起步的时候，以我的器物为样本打制一些东西，我觉得是值得的，这样有兴趣的人才会一步一步地爱上它，研究它，然后这样才会有一些真正的喜欢手作、喜欢打铁的年轻人出现，这样拯救铁匠的目的才有希望实现。未来是年轻人的。"

齐白石说过"学我者生，似我者死"，蔡德全并不介意年轻人照着他的作品练习手作，而是希望他们能通过模仿，体验锻打的过程和工艺。

"实际上艺术也是这样的，其实我们在学西方的这些大师都是无可厚非的，因为我们对于油画这些东西没有参照物，所以我们起步的时候去模仿，或者去学老师作品的一些基本的技法是正常的，包括雕塑也是。但是后期，一定要有自己独创的作品或者产品，这样才行。"

虽然蔡德全对于山寨的态度是宽容的，但也不是毫无底线。蔡德全的底线是山寨也必须是手工制作的山寨产品。若是他的作品被一个工厂拿去做批量生产的样本，那他就绝对不会袖手旁观了。

蔡德全还尝试过其他形式来宣传铁匠文化，例如举办同城活动，邀请铁器爱好者亲自到铁匠铺体验等。爱好者很多，但因为打铁对人本身的素质要求很高，所以最终坚持下来学习的人寥寥无几。这种现象让蔡德全不得不转变思路，目前他希望依靠媒体让更多人的了解铁器、了解铁匠，先吸引有志趣的人入门，这样最终留下的人便是真正对这门艺术感兴趣的。

除了利用各种途径让更多人了解铁匠文化，蔡德全的"铁匠铺拯救计划"中还特别提到了铁匠的防护措施。铁匠之所以是"世间三苦"之一，很重要的一点是当铁匠太伤身，很多老铁匠因为工作中距离铁砧子太近，四五十岁之后听力就会减弱；另外打铁中烧制步骤中产生的烟尘，对人的伤害也是很严重的。并且，传统的匠人在工作中的保护设备和措施都不完善。

　　现在如果有年轻人愿意从事这个行业，或者愿意尝试 DIY，蔡德全都建议他们一定要善于使用现在发达的科技手段保护自己，像戴上记忆耳棉的耳塞和防尘口罩，这都是运用器具对个人的保护。另外设备也可以改进，传统匠人多是烧煤打铁，自然会产生很多的烟尘，这都是可以通过现代的技术来解决的，例如用燃气炉或者用电炉都可以比较环保和安全地解决这个问题。现在很多人都对铁匠工艺产生了兴趣，这时对传统工艺进行改进，会让这门手艺得到更好的发展。

　　有人问蔡德全当画家和当铁匠有什么不同，他的回答是没什么太大的区别。从艺术的层面来说，只是换了一种创作的方式，原来当画家时用画笔创作，现在作为铁匠就是用铁锤创作。前者更注重用笔的方式，后者则注重身体力行，要一锤一锤去敲打。这种体验的益处，不仅仅是显现在艺术领域，在生活中我们也缺乏一锤一锤去敲打，去完成一件事的态度，因为现在整个社会的节奏都太快了，而铁匠做作品都要一锤一锤去敲打。把一块铁变成一个非常坚硬的器物的心路历程，是成为铁匠的蔡德全4年以来最大的收获。

生活在宋庄

　　除了打铁，蔡德全和家人在宋庄的生活非常简单。在决心做铁匠铺计划的时候，因为铁匠铺声音大，蔡德全希望找京郊一个比较偏远的山村里安家。在跟着通州这边的朋友开车转时，正巧看到些没人住的房子，心想要是有个院子出租就好了，想不到车快开到路尽头的时候，发现有个院落门口贴着"此房出租"，赶紧打电话跟房东太太定了。第一眼就喜欢上了这个地方的蔡德全，后来才知道这儿叫喇嘛村，原先是从西藏来雍和宫进行佛教交流的喇嘛的一个菜园子。加上后来创作的主要对象是钵，还兼打了其他一些跟禅道有关的东西，蔡德全认为这也算是一个很不错的机缘了。

　　喜欢偏远村落的另外一个原因，是蔡德全希望自己能够还原农耕时代最真实的生活状态，他在离家不远的地方租了一块地当起了菜园子，带着太太孩子种菜，过着"日出而作，日落而息"的生活，不再像以前绘画的时候那样做一个夜猫子。夏天清晨四五点钟就起来打铁，正午热的时候喝茶休息，傍晚凉快下来后再继续打铁。在最自然的状态下劳作、休息，这是让蔡德全觉得很舒服的状态。

　　蔡德全的儿子4岁了，还没到上小学的年纪，他的铁匠爸爸并没有让他去上幼儿园，小男孩儿现在的生活除了跟着妈妈爸爸去菜园子劳作，看着爸爸打铁，偶尔自己尝试着打制铁器以外，就是疯玩儿。这样的教育方法源于蔡德全希望自己的儿子能有一个像自己

小时候一样自由的童年，那个时代的孩子们都非常快乐，上树下河，捞鱼摸虾，光着屁股到处玩儿，去铁匠铺看师傅打铁什么的，无忧无虑，非常幸福。但是现在的孩子其实是没有经历这种童年的条件的，从小接受来自长辈的过度保护，稍微大一点儿了就得背着很大的书包去幼儿园，再大一点儿还要拖着很大的行李箱去上学……蔡德全觉得现在的孩子很痛苦，他不愿意让他的孩子也是这样一种状态，而是希望孩子在儿时的这个阶段享受小孩儿天真快乐的时光，于是他尽可能地给孩子营造出一个很自由的环境，让孩子快乐地生活。

不过，蔡德全对儿子的未来还是抱有很大期望的，他希望儿子长大能成为一个铁匠，做自己的接班人，这样的话大概经过三代，现在还是新兴铺子的小小铁匠铺就会是一间百年老店。但这只是一个预期，蔡德全还是会非常尊重儿子以后的决定，给他宽松的环境去接受良好的教育，如果儿子对别的事物感兴趣，他也会鼓励儿子去做，让儿子在自然的成长中找到他自己真正喜欢的事情。

188

蔡德全希望儿子长大后也能成为一名铁匠

　　除了对儿子的期望，蔡德全对铁匠的事业还有一些长远的规划，比如做一个专门针对铁匠文化的博物馆，虽然目前只是一个想法，但他一直在不断收集各种铁匠的工具和一些有年头的器物，就像一块磁铁不断吸引着铁屑一样，蔡德全希望把铁器文化聚集在一起，最终用一个落地的形式呈现出来，这个目标实际上就像小小铁匠铺院子里那面展示墙展现的农具一样，为的是让当下的人能够了解，中国传统的铁匠所生产出的东西是怎么样的，过去的打铁工艺流程是怎么样的，老铁匠们打铁所用到的工具是怎么样的，等等。

　　古旧的事物一直在慢慢消逝，和现在的年轻人提起铝饭盒、磁带、缝纫机，会看到一张张迷茫的脸，我们只会感叹一番就此略过，蔡德全却为了保留童年那份对铁匠的憧憬，在 30 岁时转身离开熟悉的行业和环境，从门外汉到新时代铁匠，是一种缠绵的不舍，更是一种决绝的勇气。

采访侧记

地理气候

6月的北京，气候是两个极端，早晚凉爽，午间曝晒。都说北京干燥，但是拍摄的几天偏逢雷阵雨，所以摄制组这群南方的孩子都感受到了高湿度的善意。

北方日出早，然而我们有个镜头必须与太阳一同升起，这让半夜12点多才躺下，凌晨3点多又起床出发拍摄的小伙伴们个个上眼睑下垂。于是导演机智地调整了拍摄时间，让大家午休以躲过午间的高温。毕竟三伏天里铁匠炉烧了半天的酷热，连艾美拉（Amira）摄像机也承受不住，拍一会儿就需要风扇伺候。

宋庄位处京郊，虽没有高楼大厦，但比起市区里的"被拥堵"和"被匆忙"，它反而掌握着自己的生活步调。

饮食

提到吃，很多人第一反应是北京烤鸭，但显然这种精致而量少的菜不适合剧组风卷残云的吃法，所以撸串和烤羊腿成为我们的首选。头两天晚饭时间，我们都会到喇嘛村的文化广场，点上一只烤羊腿和若干串串，就着广场边此起彼伏的广场舞音乐下菜，这一刻胃满了，精神也满了。

除了硬菜，我们也给了其他小菜一些机会。常驻北京的摄影师郭哥，带领大家到游客必到之护国寺小吃店，豌豆黄、焦圈儿、糖火烧、艾窝窝……满满一桌，最邪门儿的要算豆汁儿，原来绿豆发酵的威力这么大，统筹小妹一脸吃袜子的表情，其他人的表情也丰富到像是坐了一桌临演而不是摄制组。

以上食物都是在踩点之余才有空享用，拍摄时只有盒饭是永恒的。接下来的几天，大家吃的都是村口小炒店订的盒饭，标准姿势都是蹲在铁匠铺门口的树荫下，像极了上个世纪的长工，这种格格不入的形象，就如宋庄之于北京城，是特殊但鲜活而真实的存在。

家和工作间

推开一扇不起眼的大铁门，是一个四方的矮墙小院，正对门的墙上挂满了蔡老师从废品站淘回来的农具，院里四下散落着一些废旧铁器，看似凌乱实则有序。左边进门就是蔡老师平时打铁的工作室，大小不同的铁锤挂在侧面墙架子上，工作台上还放着几个待完成的铁器，朴素的陈列一下子就勾起了我们对旧时铁匠铺的回忆。

隔着一扇门帘的背后，是铁匠铺的作品展厅与起居室，铁匠们醒了就打铁，累了就休息。不打铁的时候，蔡老师就种地，在离家几十步远的地方，蔡老师租了一片菜地，做饭之前到田里摘些瓜果蔬菜，一顿农家饭就出来了。蔡老师用自己的实际生活跟我们讲述了他所向往的农耕时代。

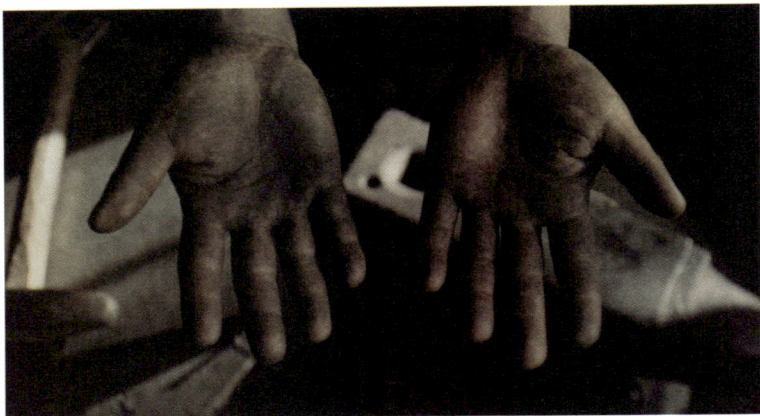

蔡德全本人

　　第一次拜访蔡老师时，未见其人，先闻其打铁声。蔡老师穿着工作时的服装，额头上还挂着细密的汗水。闲谈时，蔡老师拿出云南老家寄来的茶与我们分享，比起自己的铁器，他更有兴致去聊后院房梁下的燕子窝，还带我们到后院看初生的小燕子。

　　蔡老师的生活很有规律，日出而作，日落而息。夏天时因为天气炎热，所以一般7点多开始打铁，10点多到下午2点多就休息，到了下午3~4点凉快的时候再继续打。但为了配合我们的拍摄时间，在室外30℃，室内至少有50℃（因为烧炉火的关系）的情况下，蔡老师仍挥着锤子，反复敲打烧红的铁器。

　　毕竟是艺术家出身，蔡老师对拍摄出的画面的美感有很高的要求，初见面时便问我们用什么器材拍摄，摄制组的配置情况，等等，每个镜头拍摄结束时，都不忘看下镜头回放。

　　说到从画家到铁匠的转变，蔡老师说除了出于对打铁的热爱外，也是深思熟虑的结果。做铁匠前曾想过开一家云南私房菜馆，但是被老婆果断否决。后来发现，做铁匠可以很生活，也可以很艺术，还可以拯救一门即将消失的手艺，因此越发专注与沉迷。除了自己做铁匠，他还想教出更多铁匠，包括自己的儿子在内。

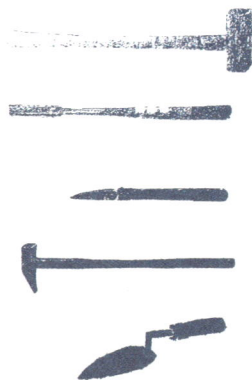

了不起的匠人

第十章

微缩港岛
的旧时光

——微缩模型匠人黎炽明

快节奏的生活被放置在显微镜下，一切都在被放大的时候，唯有一人，试图将自己从中抽离出来，俯视整座城市，并将其压缩成一个汇集了多种旋律的音乐盒。

他是黎炽明，在香港待了半个世纪的微缩模型匠人。他用微缩的方法，努力保留住了瞬息万变的城市和香港市民的集体回忆。

从事建筑模型行业近 30 年，在没有电脑、机械的最初时期，黎炽明全凭一双手压缩还原了种种建筑。而随着机械制造业的发展和北上，香港的手工艺者开始转做监工和指导的工作。但由于对手工制作有着莫名的热爱，黎炽明还是逆着形势开办了一家制作微缩模型的工作室。

2007 年，他经推荐加入了香港微型艺术会，从此开始制作微缩模型作品，并随会参加了多个展览，他的第一件作品是比例为 1:50 的《和昌大押》模型。黎炽明认为，一件作品若想吸引观赏者仔细观看，并给他们留下深刻印象，就需要在创作中加入视觉及听觉等动感元素，例如会转动的风扇，会闪的霓虹灯，会播放的电视机等，多种不同质地的材料在他的手上都获得了生命和律动。

微缩模型创作始于 18 世纪初，发源于德国皇室，后来渐渐被各国贵族所喜爱。

很多人难以分辨模型和微缩模型艺术之间的差别。其实，微缩模型艺术比模型更加重视作品的细节。模型只着眼于完成品的外形，并非其内在的形态，例如建筑模型大多只是一个外壳，里面却全都是空的。而微缩模型艺术对作品里涵盖的所有东西，从外观的形态到里面的细节和布局，都需要一丝不苟、极其细致的工艺。

　　正因如此，微缩模型艺术慢慢被视为一种比相片更为优秀的保存历史文物的方法。

昨日今时的一场抵押

位于湾仔的和昌大押，是 19 世纪南方特有的唐楼建筑，底层做商铺，楼上是住宅。在 100 年后的重建中仍保留了它外在的模样。黎炽明工作的第一家公司刚好就在这栋老楼的对面，而这也是他第一个微缩模型的原型。

之前，香港人的生活是离不开当铺的。为了保护隐私，当铺必须关起门来做生意。而如今，藏匿于楼宇之间的和昌大押，老旧木门窗尚在，楼里却换了另一片景象。唯有叮叮车在这个城市的缝隙中，保留着原有的味道。

自 1881 年第一辆电车在港区通行至今，若要评出其间最具香港特色的电车，必定是 1965 年由香港自行设计及制作的单层卡车了。虽然卡车已于 1982 年全部退役，但其独特的造型和极具风味的设计，还是在香港电车史上留下了浓墨重彩的一笔。

叮叮车，又名双层有轨电车。这个在全世界中只有香港岛才有的交通工具，每日穿梭在香港最繁华的商业中心。由于开车时司机

踩踏铁板会发出"叮叮"的声音，而被称为"叮叮车"。黎炽明小时候住在筲箕湾，当时的电车总站恰巧设立在那里，电车便成为他最常乘坐的交通工具，因此他对电车充满了童年的回忆。

黎炽明做第一份工作时，公司恰巧就在和昌大押的对面。每一天吃饭、收工回家，他都会路过这幢古旧的老楼，所以对它的印象极为深刻。那时为了"纪念香港回归10周年"的展览，黎炽明脑海中出现的是当年每日都能见到的叮叮车。所以他决定将他第一份工作地点的标志性建筑物，作为自己第一个微缩模型的原型。

在所有作品中，《和昌大押》算是黎炽明的初恋。幸运的是，买下这个作品的人是他的知音——Andy。无论何时，只要黎炽明需要这个作品参展，他都愿意无偿地借出。Andy说，微缩模型与旧照片有很大的不同，前者更加立体生动。通过照片比较难以了解当时的实际情况，而微缩模型除了能看到表面的建筑物之外，还可以让人了解建筑物里面的细节，而这是照片无法展现的。它可以帮我们勾画出香港过去 200 年的历史。

由于制作《和昌大押》的模型，黎炽明结识了现在的合作伙伴和朋友——Maggie。

黎炽明开办了一间微缩模型的工作室，但建筑模型与微缩模型始终有差别，所以他在最开始因为不适应，多少会有些担心前景，毕竟按时领月薪的工作和自己创业做生意，完全是两码事儿。所以出于朋友的关心，以及避免成为他的拖累，Maggie 一直以来都非常支持他的工作。

对她而言，在与黎炽明相处合作的 10 年里，不仅是工作，他们在模型之外依然有着非常好的感情。在她的眼里，私下作为朋友的黎炽明，无论发生什么事情都会和自己相互关照，是能使自己尽量做到最好的朋友。

两个各有长处的人，相处的法则是都尽力发挥好自己最擅长的领域，偶尔请求对方的帮助，互补出最强大的能力。比如 Maggie 主要是做一些细致的或者是黏土上的东西，而黎炽明则做外壳或者是能动的东西，各做各自擅长的部分，合作起来就不会有冲突。

"制作中最重要的是构思，就是你想做一件事物或建筑出来，一定要事先收集好所有资料，还要计算好比例、大小。"

人生理发屋里的碎发

曾经为了一件作品的测量，黎炽明走遍了旺角的大街小巷，走过了近50个天台，只为了更精确地表现作品。他说，制作过程中最重要的是构思，就是你想做一件模型出来，一定要集齐所有资料，还要计算好比例和大小。毕竟香港地方小，不能做巨型的作品出来。

香港确实是座"小"城市，大部分的人拥挤在一起，在或喜或忧的生活中，寻觅一块安稳之地。而高消费和高竞争，让每个人像是随时能被风卷走的蝼蚁，却又带着千斤重的心事，被困于原地。

在近几年，微缩模型开始被视为比影像更好的保存历史文物的方法。透过它，文物能被完整及立体地保存，并且可观、可触。微缩模型创作在物料选用上极具弹性、丰俭由人，所以正逐渐成为一种老少皆宜的艺术活动。

除了慕名而来购买或定制模型的人，黎炽明的工作室还常会在周末迎来他的学生，其中有家庭主妇，也有上班族。在静下心的制作过程中，生活上的种种烦忧都在逐渐压缩变小。

微缩模型和模型多少还是有些区别的，尤其在材料的质地上。若那一部分的原物是木质的或皮质的，则在微缩模型制作过程中也要使用真正的木料和皮料。

所以在转变的初期最为艰难，做第一个理发屋作品的时候花了将近一个半月的时间，因为里面有非常多的细碎零件，比如剪刀、剪发器、梳子、风筒，最花时间的就是理发椅。

　　与其他微缩模型不同，黎炽明的大部分作品都会以"做旧"来达到一种创新。比如铁门窗上会留下港岛城市因受潮而形成的特有锈迹。而旋转灯、《老夫子》漫画书等极具香港特色的细节，也是作品中不可或缺的一部分。

　　若要问黎炽明最有感情的作品是哪一件，他肯定会说，对所有作品都有感情。一个是因为大部分的作品都是自己以前见过的事物或者建筑物。另一方面，做每一件作品都是很艰辛的，每件大型的作品都需要两个月到三个月的时间去完成，那两三个月中间其实很少有时间去休息，每天基本都只能睡一两个小时。而且做的时候根本不能停，到某一个步骤的时候一定要一气呵成，投入之后如果停了一下，就很难再有那个感情投入了。

　　之前的建筑模型行业其实挺风光的，但近 10 年开始慢慢走下坡路，远远没有之前那么繁盛了。而黎炽明刚好遇上公司裁员，便决定从中摆脱出来。他曾经想过去闯荡，但几番考虑之下，觉得风险太大，便决定留下来开办工作室，教更多的人制作微缩模型。

　　没有了稳定的月薪后，自己需要解决庞杂的生活开销，不得已卖出自己的作品成了支付生活费的渠道，包括很多自己舍不得的作品。很多人都问过他什么时候会有新作品，而这样一个别人随口一问的问题，对他而言却是横亘在新作品前面的巨大障碍。因为如果花两个月时间做一件新作品，便需要停下手中其他的工作，等同于切断了自己的经济来源，难以维系生活。

但是当周边人劝自己如果坚持不下去就做回建筑模型时，黎炽明还是肯定地告诉旁人，做微缩模型是自己选择的目标，自己肯定能在这个行业里坚持下去。

同样，正因为一件作品的创造过程中包含着此时此地的情感，做微缩模型的人一般都不会做也难以做出第二件同样的作品。尽管他那三件作品——冰室、凉茶铺、发廊，每个都做了差不多五个，但这种不情愿的复制也只是为了生活。

不弃的木屋

之前的黎炽明忌烟酒，可随着工作量和压力的增加，他开始抽烟。

城市飞速发展，旧有的东西都被拆除，但20世纪六七十年代摩星岭海边木屋建筑的精巧，还是让现在很多建筑业内人士佩服不已，因为整片像附着在悬崖上的木屋群，只用木桩搭成的地基就能撑起整间房子

　　烦闷无处宣泄时，他也会带着啤酒到天台俯视整座城市，像查验模型作品一样观察香港的每一处细节。

　　而天台对他而言还有更为深刻的意义。他的父亲是政府公务员，曾在地震测量部门工作，是香港地面及山顶测量工作的第一人。地震测量部门的工作非常辛苦，在香港这么多年的建设中，黎炽明的父亲可谓是开荒牛，常常会去各个地方，测量建筑物的高度，或者策划如何建设。有时他会去偏僻的山头，或者完全没有通路、没有交通工具可以去的地方，只能搭乘直升机在山顶降落，再扎营两周左右，长时间不能回家。

在黎炽明小学的时候，父亲总会带着他去南丫岛旅行。去往岛上的交通工具只有渡轮。而当搭载渡轮去往岛上的时候，会途径摩星岭外的海峡。现在的摩星岭附近盖满了富豪的高级住宅，而在多年前，第一次看到摩星岭山坡上一层建筑物的黎炽明，却是满目残破而壮观的景象，参差不齐的木屋群好似一个小人国。

黎炽明的父亲已去世两年多，在这两年多里他怀着对父亲的思念，决定将早已不复存在的摩星岭木屋村重现于世人眼前。但没有现实的景物做参考，只能靠着图片和自己的记忆去还原，而这对制作者来讲难度极高。

黎炽明通过对摩星岭遗址的考察，确定了模型大概的范围和比例，意外收获了可以用于制作模型底座的完美树皮，并在废弃的屋村中找到了木屋制作的灵感。在近百个日夜后，微缩模型作品《摩星岭木屋村》得以成型。

父亲临终前说很担心黎炽明的生活和未来的事业，说完没多久便去世了。黎炽明的每一件作品，父亲都曾喜欢，也很支持他的微缩模型工作，甚至每次展览他都会过来看。

童年时，每逢中秋节，家人都会带着黎炽明走到大街上，观赏一班身着白汗衫的壮汉，在浣纱街挥舞火龙巡行。老一辈会带着小孩儿，从龙尾捐到龙头，以求身体健康、全家安康。舞龙过后，行人会拔走插在火龙身上的香，然后带回家摆神台上供奉，以求辟邪

和保平安。

　　往日舞火龙的街道上，并不会设有栏杆，围观的人可以在龙身龙尾之间自由穿梭，但由于龙身太长，难以控制，所以在舞动龙尾的时候会左摇右摆，一旦控制不好便会撞到楼房的墙壁。所以日后出于安全考虑，舞龙时开始加设了栏杆阻隔。

　　看似简单的造型，在细节之处却有极为细致的设计。为了呈现火龙栩栩如生的感觉，黎炽明一如既往地在龙头及龙尾加上动感元素，以机械辅助上下移动。为了模仿插满香烛的火龙，需要将 LED 灯和 0.5mm 的光纤，放入只有 5mm 宽的胶管里。之后还需要在龙身上钻出将近 1000 个 0.55mm 的小孔，再将光纤剪短，模仿龙身上的香烛。有时若不小心，钻穿了管内的灯带，整节龙身便只能作废。

　　黎炽明还做了近百个人形，以营造热闹情景。为了带领大家重返 20 世纪 70 年代大坑舞火龙的盛况，他还重建了早于 80 年代末拆卸的龙溪台。由于印象模糊，唯有靠记忆加上旧照片来还原。

　　现在只要有展览，黎炽明的母亲都会前往参观，她甚至能记住作品中的种种细节："在他的作品里，任何一个角落都有东西给你看，甚至屋顶上都有只猫给你看，我都数得出他屋顶有几只猫。马路又有货车，再往上一点儿还有打麻将的，在尾部近海的还有一个在钓鱼。"

　　黎炽明最喜欢的就是老人家来看展，因为会特别有感觉、共鸣，甚至很多老人看过后都会面带笑容地离开。因为他做的作品，都是他们以前生活里的实际物件、居住环境，他们能借此怀念过去。

　　现在，他的梦想是把沿海的那条街，不断地做下去，向上延伸至山顶，以缆车连接，在左右扩展做公园、公屋、游乐场。比如香港的荔园游乐场，因为香港以前没有几个大型的游乐场，与黎炽明同辈的人大部分都去过那里，那是大家的集体回忆，他想要通过微缩模型把属于他的岁月留住。

　　黎炽明以双手，重现了各种逝去的场景，无论是临街小吃摊油腻腻的碗筷，还是隔壁理发店里太空舱似的椅子，他在霓虹闪烁的香港都市里，重现着那些被现代化淹没的古旧事物，一毫不差，做出记忆中的样子。

　　他说，香港是个变化很快的城市，步伐也很快，很多事物眨眼就消失了，他所能做的，就是用微缩的方法去保留这些旧的事物。

　　会遗忘的人是幸福的，可认真去重拾回忆的人却更值得被尊重，在一个日新月异的城市里，黎炽明已经准备好，用余生去重拾曾经的过往。

采访侧记

环境气候

去香港拍摄的时候正值酷暑，高温加上海边的湿热，让摄制组每个人的手机铃声都能被幻听成《种太阳》。加之我们室外场景很多，在火辣辣的太阳下，摄影师都不得不尽可能缩小光圈以免过曝。

在香港真的很难找到宽于四车道的马路，每栋楼都像早上超市抢蔬菜的大妈，疯狂地往中间挤着。所以，我们在堵着的车上补个回笼觉没一点儿问题。尤其在皇后大道，罗大佑把《皇后大道东》唱到嗓子都哑了，我们也只挪动了几米。但在这么拥堵的缝隙之间，叮叮车却来去自如。

深水埗

作为全港几乎最为贫穷的地区，深水埗里有着各色各样的摊点，DVD、胶片相机、老唱片等被遗留在过往岁月里的事物，这里都有。

在林立的高楼中，这个区域就像被隔离开来的第九区。男人们不用西装革履，他们多半裸着上身，抽着卷烟，脸上有着正常而放松的表情，女人们也很自然地在讨价还价。一切都让整条街平实得像20世纪90年代的老香港电影。而这里就是黎炽明在每天不间歇的工作空隙中，寻找灵感的地方。

活着本身就不容易，想活得像个样子就更难了。就像卡带会有AB面，不只是香港，全世界都有贫富、生活节奏快慢的差别，但都是在为生活打拼，是没有高低之分的，嗨歌、苦情歌都是歌。这么来看，香港会比之前显得亲切。

电影《金鸡》里，吴君如让曾志伟好好活下去的时候，背景音乐就是陈百强的《一生何求》，实在应景，所以我们在《了不起的匠人》第11集片尾也用到了这首歌。

在无常的日子里，没有更好的生活和活法，没有英雄。能活着已是不易，活下去就更难，能开心就好。

黎炽明

香港集的匠人是制作微缩模型的黎炽明。在香港待了半个世纪的他，身上却少有带着距离感的"港味儿"。他的作品大部分都是老香港建筑，模型里的人文也是旧时才有的趣味。

当很多手工业者在经济不景气选择转行时，他仍旧坚持做微缩模型。他之前忌烟酒，可在开办工作室之后，也开始在"禁止吸烟"的牌子旁烧肺醒脑。

在离开香港的时候，我说我们要一起加油。他送了我一个打火机，让我倍感温暖。还相约之后再聚香港，一起吃海鲜，再去摩星岭。所以成片里呈现的可能是他更正经的样子，其实平日里他就是个爱摆弄模型的大男孩儿啊！

饮食

比较起其他几集的拍摄，香港的盒饭简直是盒饭界的米其林。比如，蛋包饭配大虾、四宝饭、烧腊饭等。街边的茶餐厅口味也是一级棒，坐久了会产生自己在演 TVB 电视剧的错觉。

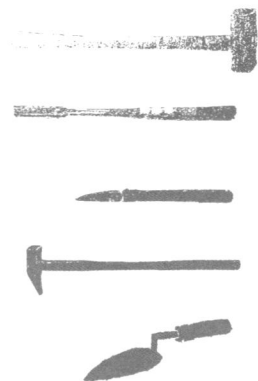

第十一章

东源村的木活字修谱师

——木活字印刷匠人王超辉

家谱，是一个距离现代生活越来越远的词，但是仍然有人在坚守着修谱师的职业，拣字块、排版、修家谱，这就是王超辉大半辈子的生活状态，在铅字印刷和电子排版的时代，他亲手在书页里留下墨香。

　　王超辉出生在浙江温州的东源村。修谱师，是这个 7000 多人的小村庄里独有的职业。浙江人对于血脉渊源尤为重视，即使是在今天，每个氏族也都还保有祠堂和家谱。家谱每过 30 年需要重新翻印，添补信息。专为宗族修家谱的职业——修谱师也应运而生。

被仪式感养活的古代技艺

王超辉出生在中国浙江温州市郊的东源村。活字印刷术是这个小村落千百年来的谋生手艺，即使是在工业文明相当发达的今天，木活字依旧能在这里存活。活字印刷，就是运用可移动、可重复使用的字块，来取代手抄和雕版。在古代，它的高效领先于世界，但在当代，它仰仗的却是中国人对宗祠文化的敬重。

解放初期，北方地区的祠堂基本都被推倒、砸烂或改造成了办公场所。而在浙江、福建、广东等南方省份，祠堂和家谱仍存在于人们的生活中。在林立的楼宇之间，天井式的祠堂建筑仍香火鼎盛。

家谱是记录家族历史的载体。这种特殊的记录形式，完整地封存了家族的起源、形成、迁徙、分布、发展与兴衰。比起永不褪色的数字存储技术，人们反而更信赖散发着墨香的纸质家谱。木活字就是做家谱用的。木活字家谱在用纸、开本和装订上有别于现代印刷品。开本按照古时候的度量标准，比普通书籍大出许多，既方便查阅又突显地位。全册家谱采用棉线装订，牢固不脱页。印刷时用的纸是檀木宣纸，印墨则是含胶量较高的墨汁，所有对古法的沿用都是为了保存更长时间，现代机械印刷品数十年就会发黄褪色，但木活字印刷出来的家谱就如同古代的字画一般，可以保存上千年。

由于温州以及周边浙东南、闽西北地区自古以来一直是移民社会，背井离乡的居民对宗族血脉格外重视，家谱每 30 年要翻印一次，近几年更加频繁，一些富裕的家族每过 10 年就会组织一次修谱，因此修家谱这门生意在这里需求旺盛。王超辉是温州市最有名气的修谱师，除了得益于他"国家级非物质文化遗产传承人"的头衔，客户更看重的是他的诚信和手艺。找王超辉修谱，需要提前一年预约。

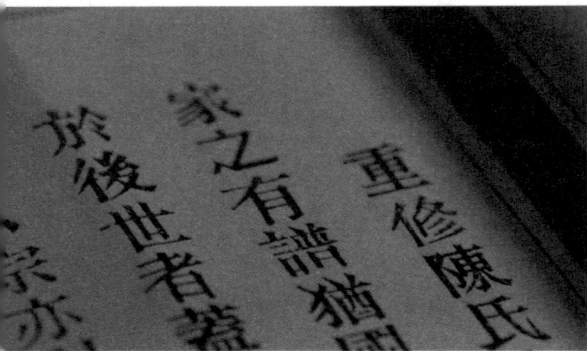

盛大的修谱仪式

宗族这一群体的形成先于国家的出现，最早期的宗族之间经常会因为争夺资源而交火，现在的宗族没了帮派气，却越发庞大，王超辉回忆起自己印过的最大的家谱，家族成员有 1.2 万人。温州人因为善于经商，所以家庭普遍都很富足，多数地方县甚至有些农村地区都已经高楼林立。不断被翻新、重建、扩大的祠堂，常常藏于楼宇之间。祠堂是家族聚会、祭祀的场所，供养着众神和先祖的灵位，同时，祠堂也是修谱师们的工作间。

每到临近修谱工程的时候，家族里的族长和长辈会提前数月通知族人，一是为了提醒族人整理要登记上新谱的资料，另一方面也是为了筹款。修谱的计费方式十分有趣，按照家谱上出现的人名收费，一个宗族有多少人口，就相应地收取多少费用，一次大型的修谱，修谱师能赚取数万至数十万元，但常常也要耗费半年时间。

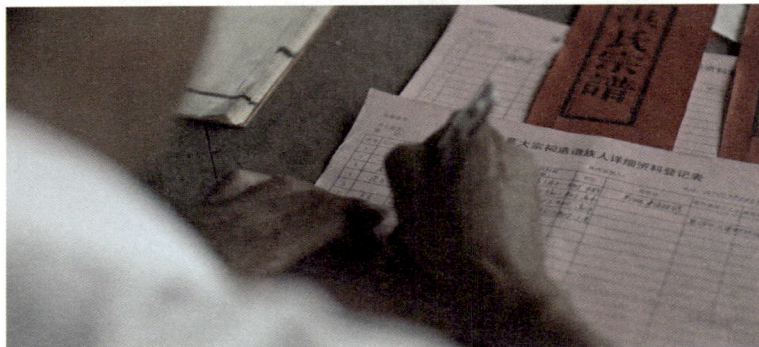

第一项工作——收集族人的资料，这个过程，在行话里被称为"开丁"。
"开丁"需要家族成员众心踊跃。接到通知的族人，要主动来到祠堂
找到修谱师，登记新增加的人口和搬迁的信息。
一个氏族的成员，少则几千，多则数万，一些无法联系上的，需要修
谱师根据旧线索，逐门逐户打听下落。一连两个月的走街串巷，扑空、
吃闭门羹都是常事，这需要修谱师们的细致和耐心

筹得资金后，家族长老会把修谱师请到祠堂，安排食宿和工作
场地。客气的人家会为修谱师安排附近的宾馆和定点吃饭的餐厅，
但王超辉40年来都坚持住在祠堂，并且自己开伙。修谱酬劳以外的
费用支出他都会断然拒绝。和王超辉见面的第一天，导演组想请老
师一起用晚餐，同样遭到了拒绝。一张铁床加上一个简易厨房，这
样的条件他在一户人家的祠堂里一待就是几个月。

　　修谱时，一般都会选定良辰吉日张红帖开工，修谱师就挑着捆有数十个字盘的担子上门。进祠堂的第一件事，便是要把一摞摞叠着的字盘按照修谱师自己最顺手的顺序排开，此时，活字暂时还不会派上用场，修谱师们注重的也是一种仪式感，这种仪式在行话里叫作"开谱局"。

　　布局完字盘，第一个重大任务便是登记谱上要更新的资料。谁家有新成员降生、谁搬迁了新家、考取大学、婚丧嫁娶……所有的信息都需要修谱师挨家挨户一一询问、登记、核实。每次修家谱都能保证信息准确无误，是王超辉的优势。

　　收集好信息和资料，就准备动手开印。拣字是修谱师工作中的第一项技术活儿。因为面对一盘盘密密麻麻的黑色字块，外行人凑近也看不清是什么字。如果在排版时还要思考字块的位置、找寻字块，可能三五年都无法完成工作。修谱师准确拿取一个字块的速度不足一秒，靠的就是木活字印刷的先辈们一代代传下来的"拣字口诀"。

　　口诀有两种，一是在清朝光绪年间，由东源村王氏家族王宝书创作的七言拣字诗《凤列盘冈体貌鲜》，另一个是出处不详的五言拣字诗《君王立殿堂》，后者是王超辉所使用的口诀。据他解释，

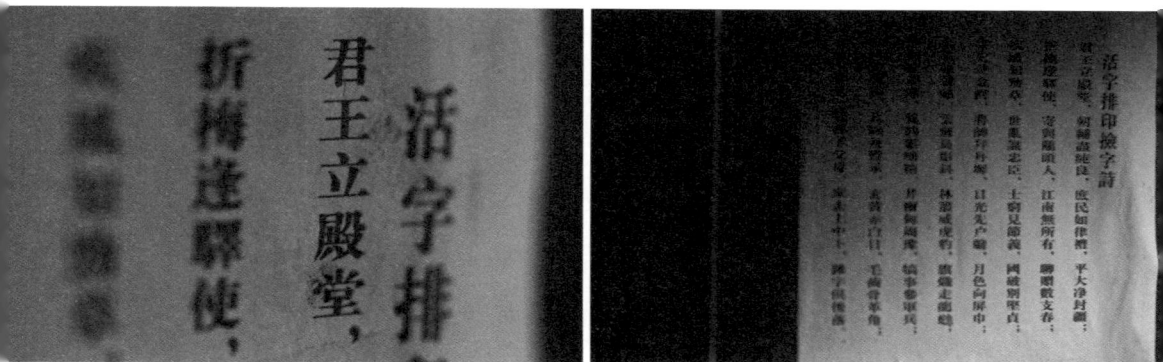

一首包含160个字的拣字口诀，将5000个常用汉字按照偏旁部首有序地排列，用温州方言念出来，更加顺口。通过口诀，熟练的修谱师能在一秒内拿到想要的字块，码入印版

这首《君王立殿堂》160个字的拣字口诀，囊括了绝大部分汉字的部首，使用瑞安当地方言诵读，有平有仄，极为入韵。另外，关于字盘内字块的码放也有讲究。所有字块，相同部首的，码入一纵列，列与列之间用细长轻薄的竹片隔开，而横向的顺序便是口诀中的顺序。君王立殿堂中的"君"代表着"尹"部，与之相似的"群""辟"皆属于这一纵列。"王"字纵列下，跟着"玉""主""皇""望"等相关字块。盛放字块的字盘分为内盘、外盘、送盘三种。内盘放置常用的天干地支、方位日期、皇帝年号、之乎者也等虚词，外盘和送盘则按照拣字口诀摆放。修一趟谱，王超辉通常会携带超过两万个字块。但现在王超辉已经不参与拣字的工作了，而是交由专门的拣字工打理。

制作家谱，通常都有一套专用的印版。印版按照传统的体例格式分为两种主流的排版。一种是欧式家谱，又称横行体，是北宋文学家欧阳修所创立的。欧式家谱效仿《史记》年表，其体例是"前图后甲"的雁行式。首先在前面印上世系图，简称"图"，然后另起一页列出每人的生卒甲子、人物事略等，简称"甲"。每页记录

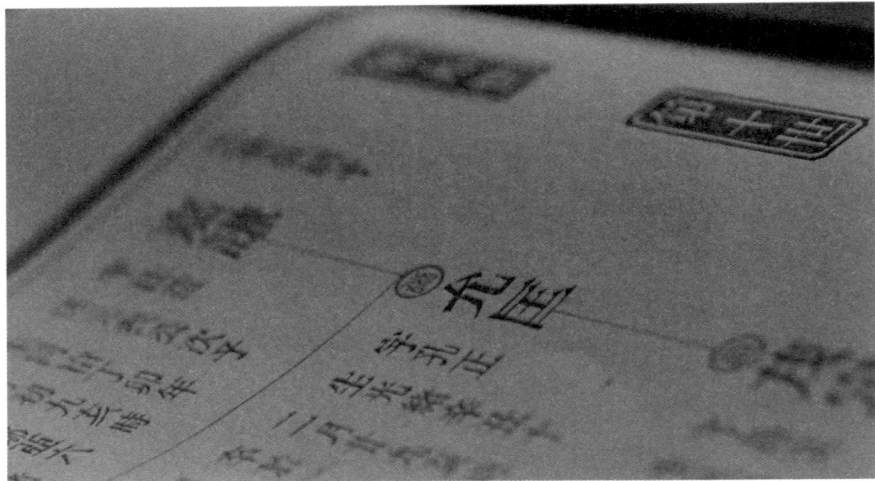

五代人，各代之间用红色竖线连接。另一种是苏式家谱，由北宋文学家苏洵创立。体例全部采用世系图，人物信息就紧跟在名号之后，不像欧式人名和信息图甲分开。因为更加直观，苏式家谱的使用率更高，更受欢迎。选好版式后，就可以开始一边拣字一边排版了。整版排列完成后必须全部校对一遍，勘误补漏。确认无误便可以用一厘米左右宽度的薄竹片将框板挤紧，确认每个字块不会松动，就可以等待印刷。

　　印刷家谱用的纸张是最牢固、最稳定的檀木熟宣，这类宣纸的保存年限是现代书籍使用的混合浆纸所不能企及的。一本家谱的保存时间通常都是普通书本的10倍。印刷前，先将宣纸裁切成固定大小，然后开始润版，这是指用猪鬃刷蘸水擦湿印版，一是为了印刷时字的呈现更加清晰，二是为了拓印时不擦破纸张。古法印刷采用墨块研墨，为了效率和成本控制，王超辉使用的是瓶装墨汁。将墨汁倒入大碗，就可以使用鬃刷蘸取，均匀而有力道地刷在印版上。刷完墨，要立马将纸对齐印版的四角，轻铺上版。再用棕榈纤维制作的棕刷摩擦拓印。为了拓印时不蹭破纸张，鬃刷在使用前通常要用蜡块蹭几下，保证粗糙有力而不伤纸。印刷时，用墨量、摩擦力度、润版次数和时间都有讲究，太浓太淡、太重太轻、太急太慢都会导致墨成团、字不清等种种失败。在做学徒时，因为纸墨等耗材成本太高，师父从来不允许王超辉参与印刷这一环节。王超辉常常趁师父出门时偷偷练习。一次被师傅发现了，还挨了顿痛斥。现在，印刷的工作王超辉通常还是会自己来做，或者交由儿子来做，外请的师傅负责拣字和排版。

　　在上百页家谱印好之后，会用吸管大小的小钢管蘸取红泥，在每个族人的姓名上方打上红圈，表示醒目。一些讲究的家族还会在红圈里刻上一个"衍"字，代表人丁兴旺，子孙满堂。

　　将一摞完成工序的单张谱表按份数叠放，分好之后便可以开始一张张进行折页。谱表只印单面，没有内容的空白面将被折进书页里。

将一张谱表向外对折，利用桌上的两个小木桩，将折缝的一端抵到对齐。

因为家谱材质与规格的特殊性，装订环节需要使用人力完成。把每一页对齐码好后，用铁锥和木槌打孔。孔打好后，用纸搓成的纸捻穿孔固定，等待验收。完成到这个阶段，族人就会派代表来祠堂再次校对家谱信息，确认无误就用大刀切除毛边，拆下纸线换上牢固的棉线，最后装上封面，一本传世家谱就宣告完成了。

从"开丁"到家谱完成，王超辉偏居寒室陋舍，默默耕耘着他的二尺字盘。现在的王超辉已经通过修家谱过上了还不错的生活，但他没想过离开东源村。曾有请王超辉修过家谱的客户多次邀请他赴外地旅游，都被王超辉拒绝，他没给过任何搪塞的理由，只是坚持说："我不去。"

家谱完成，也就成为宗族的象征，带有神圣的色彩。因此，宗族要选定吉日吉时，在宗祠中举行隆重的圆谱祭祖仪式，并筵请同姓联族、异姓宗族、乡里坊间前来祝贺。

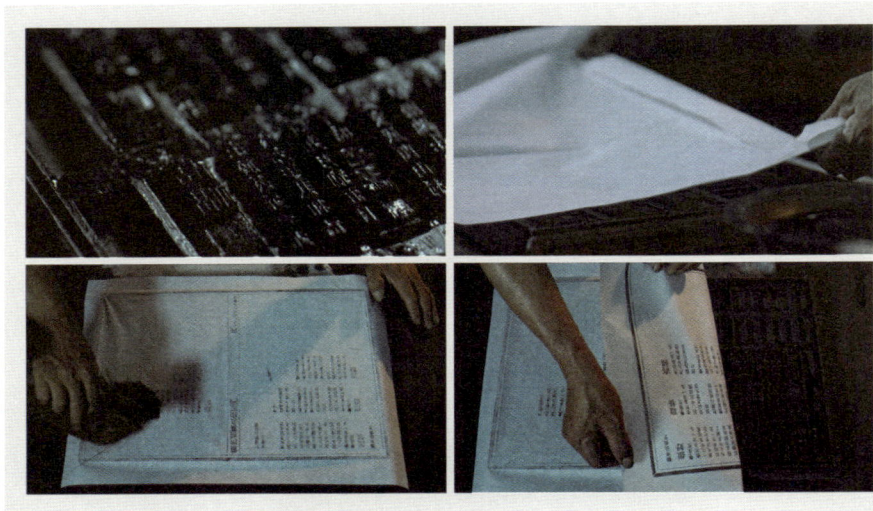

　　在家谱仪式进行中，再由修谱师在预留的世系图首页始祖名下画一条红线至二代祖先，并由修谱师和族长诵读祭文，拜谱以祚；然后拜天、拜地、拜祖先；接着分发房谱、家谱，并封箱总谱；还要大摆宴席、抬谱巡游，甚至请来戏班助演连台好戏，这是修谱之族甚至是乡里坊间的大喜事。

　　祭文曰："重修宗谱，欢庆圆编。先灵赫赫，世泽绵绵。伏以觞飨，族运永祚。"家谱的作用，在于明确人们血脉遗传的本源，使族人明白宗族的承替关系，在巩固宗族团结，维护宗族秩序，鼓励族人为社会建功立业等方面都起到了积极作用。从更广泛的意义上来说，宗族文化也是民族凝聚力的一种象征。

家谱修好后，家族成员会在祠堂里来一场隆重的圆谱仪式，吃饭、唱戏、大宴三天。修谱师也会作为上宾，为主人家点谱、颂文，做最喜悦的交接

王超辉的修谱事业

王超辉生于 1955 年，是平阳坑镇东源村王氏家族第 23 代木活字印刷传人。摄制组第一次见到他是在东源村的木活字文化展览馆。近几年东源村的木活字手艺被频繁报道，中央电视台也一度造访，为王超辉拍摄电视专题片。木活字技术已经被瑞安市旅游局开发为观光产业。每月的前 10 天，王超辉需要在展厅中为游客展示木活字的印刷工艺和讲解木活字渊源。我们到访时，正值他当班。展厅是两层楼木质结构的四合院，平时没有太多游客。王超辉都是一边干自己手上的活儿，一边做接待。通过电话联系后，我们在展馆里的办公室碰面。对于网络平台，王超辉毫无概念，所以一直到拍摄结束，他也并不了解我们团队的性质和我们此次拍摄的目的。因为长期被曝光，王超辉对采访已经习以为常，见到我们就如同见到熟人一般地开始倾诉近期的烦心事。因为在温州业内颇有名气，近几年开始有商贩在网络上挂着王超辉的名号卖活字块，但那些字块并不是出自王超辉之手。他本人对于除了修家谱以外的商业开发，一直都意兴阑珊，只想一门心思做好修家谱生意。对于他人的盗用，王超辉

颇感愤怒，活字产品质量不能保证不说，在网上卖字也坏了他修谱师的威望和名声。

王超辉19岁开始学习做谱。初学入门时，家谱中使用的繁体字就让只有初中文化水平的王超辉犯难。靠着父亲给他的《华山字典》，一边背一边和师父学拣字，字典翻烂了好几本，他才算是顺利出师成为拣字小工。拣字是入门，下一步是学习印刷。王超辉回忆起学徒时期，表示当时十分珍惜印刷的机会。每到中午，师父都会休息、吃饭和午睡。王超辉就趁这个时候练习印刷。但这些都不是修谱师工作中最难的一步。

为了让我们更直观地了解家谱的制作过程，王超辉让我们去一户人家的祠堂里参观，他的儿子王建新正在为这户人家制谱。这个家族姓宋，整个宗族有大约七八千人。宋氏祠堂是两层楼的天井式建筑，内外墙和大门上有浙闽风格的壁画，壁画内容以神仙形象为主，颜色鲜艳多彩。祠堂内部供有祖先和诸神的龛位，龛位对面便是戏台。王建新的"谱局"摆在戏台的屏风后面，靠着窗子，采光最好。一长列条桌上码放着字盘，旁边就是床，修谱师做累了就休息，或者出去走走，一连几个月都在这生活、工作，直到做完才离开。

王超辉儿子王建新。外地的修谱事业，现在王超辉都交由儿子打理

自从铅活字被发明出来后，宗族修谱就有了更多选择。铅活字采用机器压制，成本低廉，用坏的字块还能回收，熔化，再压制。在接到订单后，修谱师会先询问客户，希望使用木活字还是铅活字，铅活字家谱的价格相对低一些，而木活字则是以字体更大、字形更隽秀古朴取胜。此次制谱，使用的是铅活字。我们到访时，王建新正在拣字，动作干净利落，排版干净工整。

接受采访时，说到父亲，王建新满脸骄傲。接触修谱师这一行之后，王建新才真正对父亲有了崇拜之情。最让他感到佩服的就是父亲写字和刻字的功力。木活字字块上的字体是宋体，对书法行家来说，书写一个宋体汉字轻而易举，但难就难在字块上的字是反的。起初王建新在学习写字、刻字时认为，反字不过是把正着的字反过来写，只要稍加练习便能驾驭。今年已经是王建新学习写反字的第10个年头，但他写出来的字还是不能使用。采访时他无奈地感叹："刻字比写字容易点儿。"虽然已有10年的"谱龄"，但王建新目前的工作还是以拣字排版和印刷为主，做字块的功夫还在练习。长年累月地拣字对视力是一种极大的伤害。采访结束时是下午四点半，天色尚早，但王建新表示无法再继续工作了。只要光线稍暗，他便看不清字盘里的字，这是修谱师的职业病。

王超辉写反字

　　第二天，我们真正见识到了王超辉写反字的功夫。和拣字一样，写字、刻字也需要充足的光线。一大早，摄制组就帮忙把桌椅和工具抬到了室外的空地上。等到太阳出来、阳光温和不刺眼，王超辉便拿出刻字用的刻刀、木块和固定用的木框，为我们一展身手。

　　做活字用的木块是质地较软的棠梨木，刻起来不费劲，印出来不伤纸，而且字体边缘的质感好。王超辉说上乘的木料不好找，一般都要提前一个月和木匠师傅预订。王超辉用的墨就是最常见的一得阁墨汁，毛笔也不讲究。取七八个木块，码在一个木框里，再用木条做简单的固定，就可以蘸墨写字了。第一个字，王超辉写是"尚"，在现在普遍使用的黑体里，这个字正着反着的区别不大，但在宋体里却截然不同。王超辉表示，书法里的笔锋都是为正着的字设计的。古人在写字时，毛笔顺着个人手腕上下来回的力度，勾画出了好看的笔锋，便有了成派系的字体。顺着习惯来，很容易效仿。当字反过来写的时候，笔锋便成了书写的阻碍。反着的毛笔字不可能像书法一样一气呵成，必须要反复琢磨笔画的顺序，长年累月地练习。即使是练了30多年的王超辉，写反字也达不到常人正着写的速度。因为这种练习投入时间太多，练习成果的含义也不大，大多数修谱师已经不用毛笔写反字了。借用钢笔或者圆珠笔，"画"一个空心的反字，简单省事得多。展示完6个毛笔反字，王超辉接着给我们演示雕刻。刻字只需要沿着写好的字，一点儿一点儿凿除多余部分即可，技术不难，讲究的是速度。王超辉刻一个字需要花费10分钟，一上午最多也就能做20来个字块，但这在同行中也是相当快的速度。刚开始学刻字时，王超辉双手满布伤口，他说："没有当初的吃苦耐劳，就没有今天的手艺。"

　　王超辉对自己修谱的经历很自豪："我从小就很喜欢刻字，没钱买材料，就从小溪里摸点儿石头，在上面刻自己的名字。"入行后师父夸他聪明，说他学一年可以抵别人三年，一年后他就真的出师了。修新谱时，客人提供旧谱做对照。旧谱里有很多冷僻字，序

王超辉要迅速刻完新写的 15 个字，每个字花费 10 分钟时间，这是经过了 40 多年的练习才达到的速度

文也都是使用古文文法。"年轻的时候脑子好用，看多了就会了。"现在修谱时，家族通常都会请王超辉为新谱作序。谱序是对这个家族的简要描述，要求字句精练，客观公正。王超辉遇到家谱信息错误百出、记载无序失实的家族，都会把族人的糊涂草率写入谱序。回忆过去，王超辉说："'文革'时期，红卫兵几次到家里来把字盘当作'三黄四旧'清理。为了保护家当，我事先就把成垛的字盘悄悄藏到一个山洞里，然后把一些破损了的旧字盘拿出来蒙混过关。"他还清楚地记得偷偷摸摸的日子，生意上门就躲进人家的祠堂，关上门偷偷干。一听说有外村的陌生人来，话都不敢说，门也不敢出，就在屋子里躲着。木活字的工具不重，麻袋一遮就看不出他是修谱师了。当时王超辉就挑着麻袋东躲西藏地接活儿做，也从没想过先停下来干点儿别的。

后来"文革"结束，王超辉开始自立门户，但修谱热潮已经渐渐褪去。虽然手艺过硬，但为了生活，修谱师们还得主动去找业务。王超辉的经验是：先从熟人介绍的做起。熟人有信任的根基，只是有时候开价稍低。但主人家的开价，并不是这桩生意的最后盈利。

因为圆谱仪式上的利市（红包）也是修谱师的一项收入。参加圆谱仪式的主人家，会根据自己的经济状况给修谱的师傅封利市。王超辉回忆道：一次在瑞安市一户人家修谱，开价两块五毛钱一个人丁，是当时的最低价，自己硬着头皮接了下来，最后这一单却收入不菲，圆谱仪式上的利市比修谱的酬劳还多。依靠介绍和口碑，王超辉的事业开始慢慢做大。

王超辉的好名声得益于他的手艺和态度。在一次给一位教授家中修谱时，那位教授折服于他的书法、雕刻和排版的功底，于是将他介绍给了周围的人，因为这一次修谱，王超辉一连做了好几单生意。家谱因为追溯时间久远，人名和字号中经常会碰到字盘中没有的生造字，很多修谱师会找一个相近似的字符来代替；但王超辉在这一点上非常坚持，一定会重新制作一个相同的字形，绝不随意更改。

说到修谱趣事，王超辉回忆起 2008 年时，为当时一个跨国家族修谱的往事。当时他受温州临江驿头村程氏宗族的邀请，为当时非盟主席让·平的家族修谱。让·平的父亲程志平年轻时远渡重洋，到非洲的加蓬谋生，就在那时认识了一个非洲女孩儿，后来成了他的妻子。在家谱里编入外籍人员这事，王超辉之前没有遇到过，为了完成这次特殊的修谱，他和搭档倾注大量心血，使用最好的裁量和装帧，耗时半年，为程氏宗族献上了完美的家谱。圆谱之日，王超辉被奉为上宾，受到族人的尊敬。

近年来，渐渐上了年纪的王超辉开始把重心放在培养儿子王建新上。王建新高中时学习成绩不算突出，文言文却学得出奇地好，任何古文的课文他都能理解和熟背，这对他干修谱师这一行有很大的帮助。任何家谱，王建新一拿到手上就能读通，近期他也开始学着使用文言文为家谱作序。

虽然不希望这门手艺断送在自己手里，但对于修谱师行当的前景，王超辉却不乐观。他感叹，现在的年轻一代，大多没有修谱的意识，而他们又掌握着经济大权，很多时候提出要修谱，往往只是为了讨家中老人的欢心，那种发自内心想溯源归宗的意识再也没有了。这是当代的文化和大环境使然，难以回天。要一个修谱师承认这一点，无异于承认自己是可有可无、无足轻重的，那的确是一种巨大的伤害。

王超辉自称是"敬重文化的手艺人"。年轻时脾气急，在外干活儿很辛苦，但修谱时文化和历史的味道让他感觉很舒服。木活字的古拙之美和古文的文化之美是让他一直干下去的原因。

工作之余，王超辉喜欢听戏、看电视，平日也会自己种点儿蔬菜，做做饭。有了名气之后，还会有不同年龄层的学生，趁暑假来找他学习做木活字。王超辉义务教学，为他们提供练习的材料和场所。拍摄期间，有一位初中生在王超辉的办公室里学写反字，刚起步时，王超辉给她黄草纸练习，慢慢熟练后再接触木块。学生学得很有兴趣，反字也慢慢写得有模有样。这样的情形是王超辉最乐于看到的。在这个世代做谱的村子里，仅有几位还在使用木活字，对于这手艺，王超辉颇感自豪。

木活字的活路

在王超辉居住的平阳坑镇上，有一所镇中心小学。木活字课是这个小学特有的课程，而王超辉师傅正是这个课程的负责人。学校的每个学生都有自己的毛笔和刻刀。每周，王超辉都会带着木块来给孩子们上课，不收学费，材料费用由校方补贴。每到学期末，学校都会将学生的木活字作品当作一项期末成绩来展出，作品大部分刻的都是古代诗歌和经文。虽然精致程度比王超辉的还差得远，但也很难想象出自小学生之手。但可惜的是，随着学生毕业离校，这项技能也就慢慢地丧失，并不会成为他们将来的谋生手段，他们还

是会和其他孩子一样选择文化类的学科作为自己的专业。小时候的学习，也就是学了个新鲜。

　　尽管村里为了保护遗产，把旧屋改成了展览室；尽管王超辉在技艺传承上，绝不墨守"传子不传女，传内不传外"的保守规矩。可即便如此，随着人们对家谱的淡忘和激光照排印刷术的发展，"木活字印刷"就像个垂垂老者，在恋恋风尘中边走边回望，仿佛希望找到自己留下来的意义，却又要面对被遗弃的现实。

　　一些年轻人在文创类产品中找到了木活字的商机。近几年，淘宝上不断涌现出售卖"单个木活字"的店铺，顾客可以在店铺中定制自己想要的字，单个售价在十几到几十元不等。一些有兴趣的人会买来收藏或送人，但这样零零散散的售卖并没有让手艺人看到乐观的前景。

"非遗"的消失

近年来，非物质文化遗产受到越来越大的冲击。一些靠口授和练习传承的手艺在不断消亡。同时"非遗"这个头衔也常常遭到投机者的滥用。正如中国民间文艺家协会主席冯骥才所说："民间文化的传承人每分钟都在逝去，民间文化每一分钟都面临消亡。"

这种消亡对人们的日常生活和劳作似乎没有杀伤力，但对一个民族的生存精神和实践智慧来说都是巨大的伤害。

在木活字印刷申报"非遗"成功之后，政府所采取的其中一项重要措施，就是鼓励现有的50岁以上的手艺传承人在今后20年内主动带徒弟，培养出新的传承人。

在瑞安，更多人把东源村叫作"印刷村"，木活字印刷术已经成为独特而纯朴的文化，但真正让传统与时代结合，才能解决传统技艺所面临的窘境。

采访侧记

温州

如果不是因为工作，我们可能不会有机会来温州。

温州应该算是全国少有的三线城市之星，名气比很多省会之流都要高。名声虽响，却并没有人会把它列入旅游心愿单。高铁临近到站，所有的情境都开始落入想象。成片的皮鞋灯箱广告、揣着公文皮包快步走的行人，以及"厂里"这个词在电话中出现的夸张频率。所有的气氛都透着一股冲天的"买卖味儿"。市区的景象也和预想中的画面别无二致。道路旁一家接一家的皮革厂和"鞋业集团"，没有什么风格但修得很高的建筑，还有近似潮汕的饮食口味……当然，这些都是第一次来这里的外地人看到的最粗浅的表象。

宗祠文化

温州人的团结是帮助他们占领贸易领土的重要因素，这点毋庸置疑。但团结这种优秀特质的根源从何而来？从历史根源上来看，温州一带从古代起就是移民社会，初来乍到的新移民必须团结起来抵抗外力。而这些移民，大部分是农耕型的中原汉族人，对土地的依恋和对血脉的重视，催生了他们的团结，同时也促进了宗祠文化的发展。

这次来到温州拍摄，祠堂是最重要的取景地。一周的停留时间，我们走访了分布在温州各县市的八间祠堂。最古老的一间（片中出现青瓦顶的比较破旧的那间）修建于 600 年前的明代，建筑保留完好，只是已经没有在使用了。最大的一间是三层楼的高度，四合院结构。进门正面是祭拜用地，供着先祖和神像，周围装饰有龙柱、转灯。神龛对面是戏台，台顶是盘龙木雕。左右两侧满布色彩明艳的壁画，二楼是厢房，用来招待回乡祭祖的远亲，当然，这样功能齐全的祠堂是少数。匠人王超辉家的祠堂最近正在翻新。这次翻新采用的方案是在旧祠堂的四周再包裹一层全新的天井，大祠堂套小祠堂。为了这次工程，王超辉在当地请了最好的木匠，购买了高档的木料，整个工程花费 180 万元。当然修祠堂、修家谱都是采用"众筹"的形式，宗族里的族人以家庭为单位出钱出力，当然出多少全凭自愿。但据当地的司机透露，再困难的家庭，也会在修祠堂家谱的时候竭尽全力。宗族几乎每年都会对每个族人的贡献金额做出排名、公示和表彰，也是一种商人的特有文化。

木活字

从北宋走到现在，木活字已经完全为印制家谱所用了。一套完整的家谱应该有三到五本，每本代表不同的房派。初代始祖的所有男性子嗣各成一房，每房再在各自的房谱里做分支的记载。而为什么一定要用木活字做家谱，除了节目里提到的"保存时间更长""更具仪式感和质感"这两大因素，还有两个不可忽视的原因。首先一个原因是古代名字里的异体字和生造字。通常的家谱，至少都能向上追溯到20多代以前的信息，时间跨度1000多年。每次翻印，谱上的字都需要原封不动地搬到新谱上，这给现代印刷造成了一个难题，因为很多字根本没有，而手工雕一个就不存在这个困扰了。还有一个重要原因是修谱师的职业属性。修谱师除了做印刷的手工活儿，还起到了见证人的角色，在古代被尊称为先生。

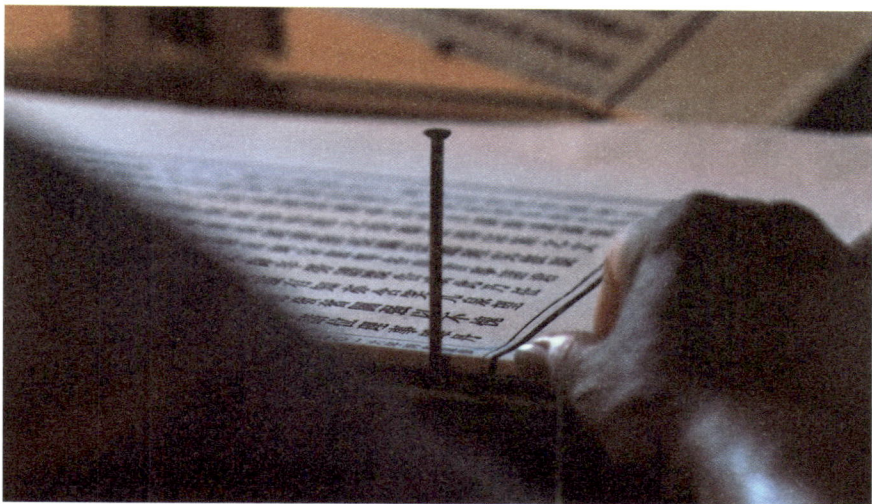

每次修谱，修谱师都会主持仪式，点谱诵文，名气大、受信任的，还会被邀请撰写谱序。即使木活字这个技术被淘汰，修谱师的这些见证功能也不能被机械取代。修谱师存活下来了，他们的家当也就存活下来了。

236

王超辉

王超辉现在是世界上仅存的三位国家级木活字传承人之一。虽然总是强调保护传统，已经是老生常谈了，但这次拍片的经历的确还是让人对传统消失这件事感到叹惋。王超辉出生于 1953 年，练习木活字印刷和制作超过 40 年。王老师为人老实本分，最常挂在嘴边的一句话是"做人要忠实"，也因为这样没少受骗。做完订单不付尾款、盗用王老师的

名号挂羊头卖狗肉的事情时有发生，但这些并不是让王超辉最困扰的。

木活字的传承最难的一步是写反字，在王超辉带过的徒弟里，儿子王建新是学习时间最长，成果最好的一个，但至今也没能出师。小王师傅预计，等到自己能写出一个标致如父亲之笔的反字，至少还要 10 年。正是因为这样的苦工、这样低的投入产出比，木活字无人想学。这是最令王超辉感到焦灼的一件事儿。

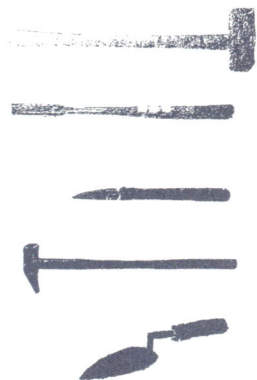

第十二章

烟斗"老炮儿"雷州陈

——烟斗匠人陈灿聪

他凭借一己之力，把烟斗的手艺做到国际级一流水准，将"雷州"与"烟斗"画上了约等号，甚至将烟斗带入高校的课堂。

对故乡抱有责任，对艺术抱有坚守。以烟斗为媒介，表达唯一的自己。

烟斗的世界里，他想做的多，能做的更多。

雷州陈，原名陈灿聪，广东雷州人。

从美术院校毕业后，他就开启了十几年日复一日枯燥的美术教学生活。

烟斗的出现，激起他全部的热情，仿佛一场最美的邂逅。

他选择用烟斗表达自己，全身心投入烟斗的世界里。

他是中国第一代手工烟斗制作师，"雷州烟斗部落"创建人。

如今，他在高校任教，将以烟斗为首的"手作教育"拓展到学院殿堂里，他坚信手艺不只是技艺的传承，更需要思想的创新。

虔诚的烟斗

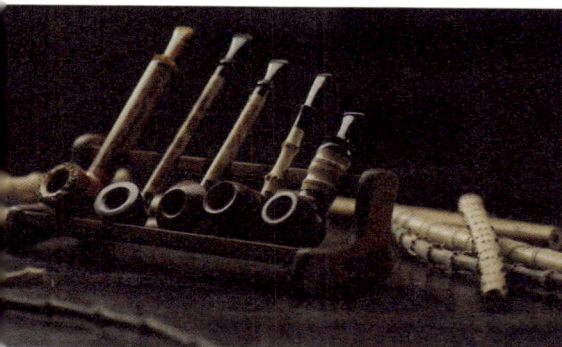

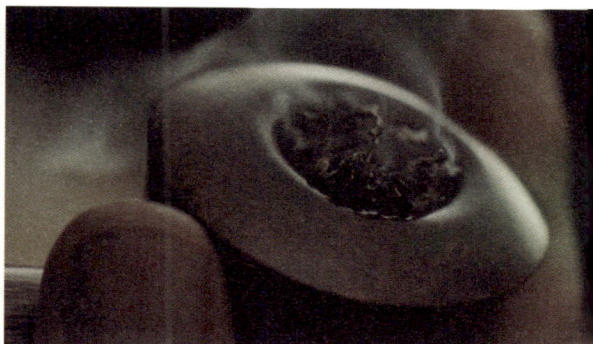

谈起烟斗，艺术家马格里特（Magritte）说过一句著名的话："这不是一只烟斗。"

不是烟斗，那是什么？

那是你、我、一幅画，或者干脆是烟斗之外的另一回事儿。

在我们的普遍认知里，人们嘴里叼的烟斗就是烟斗本身，但在很早之前的欧洲历史里，烟斗已经是文化形象的标配，例如《基督山伯爵》《名利场》《红与黑》《存在与虚无》等种种西方文学著作中，烟斗已是男主人公的性格道具与地位象征。

最初古人是用石头做烟斗的，他们把烟草看作上天赐予的礼物，具有神奇的力量，可以唤起神灵的庇佑，当烟草被点燃，那缥缈的雾，能够将神灵世界与人世联通，将吸烟者的祈祷随着烟雾送达给神灵。烟草是虚无，那烟斗便是存在，可以说，有了烟草，烟斗就诞生了。

16 世纪，哥伦布手下一位水手杰瑞兹看到古巴土人吸烟，他冒险尝试后便将烟斗带到了欧洲，成为欧洲第一位烟民。（各位二手烟苦主，冤有头债有主。）从此开始，欧洲各地都出现各式各样不同的烟斗，这样的吸烟方式到 19 世纪左右，风靡欧美。马克·吐温也曾说过："如果天堂里没有烟斗，我宁愿选择地狱。"

17 世纪，随着鸦片贸易，烟斗也进入了中国，当时被称为"烟抖"。传入之初，在文人学士、达官贵绅中抽烟斗被认为是一种雅好。有说"士不吸烟饮酒，其人必无风味"这种上纲上线的；也有说"如感狐媚，如蛊妖色"这种活色生香的；更有说"亦知无甚味，只是苦相思"这种悲观厌世的。

吸烟者自古就是矛盾的。刘半农《扬鞭集》里那首《一个小农家的暮》诗曰："他衔着个十年的烟斗，慢慢地从田里回来……"钱锺书《围城》中也有描写："英国导师一边抽烟斗，一边跟学生谈话的。"抽烟斗很大层面上已经不只是一种生活方式了，同时也是感悟人生的过程，烟斗既是他们的个性象征，也是他们灵感的源泉，更是他们人格的独特呈现。

"老炮儿"不是一天练成的

烟斗是彻头彻尾的舶来品，中国斗师的出现，只有短短几年时间，大多零散地出现在北京、上海等中心城市。在雷州这个小城市横空出世的"雷州烟斗部落"，让世人倍感意外。

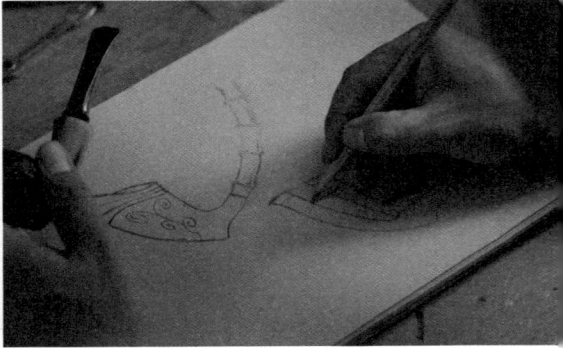

　　这事得从 8 年前说起。那时，毕业于湛师艺术教育系的陈灿聪回雷州二中当美术老师，天性乐观爱玩儿的他对所有美的事物都表现出浓厚的兴趣。有一回，他在朋友家中看到了一只红木烟斗，身为老烟棍，他对烟斗精致性感的造型一见钟情。之后不久，他去华东旅游时买回了几个烟斗，一边研究一边抽，很快就把烟斗抽坏了。

　　陈灿聪那时拥有中国人普遍的特性——穷。月薪 1000 元出头，而烟斗和烟草都不便宜。

　　而已对抽烟斗上瘾到不可自拔的他，决定自己做做看！

　　就这样毫不犹豫地，不顾周围人的反对，陈灿聪放弃了美术老师职位，转身成为一名斗师。

　　很多年过去，他依靠烟斗收获了汪涵、崔永元、钱文忠等一票粉丝，这段任性变成人生的转捩点。在心爱的事物面前，年龄根本就不是事儿。

万事开头难，但困难在陈灿聪这里并不算什么。一切困难他都用他超强的意志和对烟斗的热爱一个个去克服。没有石楠木，他就用普通木材取代；没有机械，他便用锯和锉子一点点努力。为了练习技法，手脚常被锉出血。陈灿聪说，自己的右手和双脚加在一起用过 1000 多张创可贴。

自 2003 年开始，当时对做烟斗一窍不通的他花 6 块钱买了把木锉后，就先用破板凳的凳腿练习做烟斗。没有其他工具，他就用双脚当钳子夹住木料，右手扶住木料，左手拿木锉去锉，稍不小心，就会锉伤右手和双脚。他贴上创可贴后，忍着疼继续锉。每天兴致来了他就坐在那儿锉，一坐就是一两个小时。

就是这样将每天不断的努力叠加起来，转眼到了 2009 年，他已经能够做出成型的烟斗了。当他得知海口举办第一届中国烟斗展时，他带着自己手工制作的十几个烟斗，横渡琼州海峡参展。后来他才知道，他是仅有的两个中国参展的烟斗师之一，其余的 20 多位都是国外的烟斗大师。

陈灿聪参加第一届中国烟斗展

这次活动让他兴奋不已："真是不枉此行！"与国际烟斗大师们面对面的交流让他醍醐灌顶。至今，他仍保留着当年向大师请教的录像，录像中的他像一个谦虚好学的学生，认真听从大师的指点。

在这之后，陈灿聪做烟斗的热情一路高涨，一发不可收拾，为了筹钱买车床，他甚至把饱含多年心血的画室转让了。他的烟斗在论坛上，总能引起众人瞩目，追随者越来越多。但是，高处总是让人惦记和眼红的，随之而来的除了热情，还有拍砖和谩骂，由于始终不肯妥协，他甚至被人"拉黑"。提起这段被黑的日子，陈灿聪说自己和别人争吵过一段时间后，反而变得豁达和平静了。

他明白"有人的地方就有江湖，有江湖的地方就有争斗"，要想笑傲江湖，必须自立师门，他召集了学校几位年轻的美术老师，教他们做烟斗，毫无保留地传授自己多年研究和摸索所得的经验和技法。

同时他也在继续进步，除了每年给自己的作品设定主题外，还尝试将烟斗这个舶来品与中国风结合。前段时间，他更是告知妻女自己要去山东学铜瓷修复，妻子纳闷地问他："学那个东西干吗？"他笑笑答："当然是为了更厉害咯。"

当然他的生活也不全是烟斗，他有着传统客家人的好客之情。家里的小小阳台常常会变成他一众朋友和学生的食堂，每逢周末他回家的时候，家里一定会有客人来访，他的妻女对这样的场景也早就习以为常。妻子还爆料说人多的时候能一次性来二十几个，一群人，举杯而起，喝着小酒，讨论着烟斗，很是惬意。

陈灿聪的团队不久便成形了，起了一个很朴素的名字"雷州烟斗部落"。名字的背后，有着作为一名雷州人的责任。"有一回，有外地网友问我，雷州有什么特产。石狗、水果还是海鲜？我一时答不上来。"陈灿聪说，雷州是天南重地，历史名城，却没有叫得响的品牌，基于这种不甘心，斗师们商量：就叫"雷州烟斗部落"，专注做手工烟斗，把烟斗做成雷州的特色品牌："就好像一提紫砂就想起宜兴，今后，别人一说起烟斗就能想到雷州。"

现在在雷州有雷州陈，雷州换鼓、雷州梁、雷州郑、雷鸾、雷虎、雷能……"雷州烟斗部落"的每一个斗师，都以"雷"为代号，斗师生产的烟斗，都会用激光打上一个"雷"字，并标上自己的编号，这样一旦发现质量问题，便可以根据编号进行追溯。

每一只烟斗，在交给斗客之前，都要经陈灿聪——雷州陈把质量检测关。团队发展是一把双刃剑，能一荣俱荣，也能一损俱损，所以，把好每一只斗的质量关，是每一位斗师的共识。

2014 年，陈灿聪接受母校岭南师范学院的邀请，开设烟斗手作的选修课，也让烟斗第一次走进高校课堂，陈灿聪认为年轻人没有固化思维，可以做出更有新意的烟斗来。

每一只烟斗都独一无二

雷州陈做烟斗，传统里有点儿不羁，不羁里又带着浓浓的敬意。

石楠木是直到今日世界公认最适合制作烟斗的材料。在欧洲，烟斗客们在提到他们的烟斗时不会说"My Pipe"（我的烟斗），而是把自己的烟斗称为"My Briar"（我的石楠木）。石楠木多生长于地中海沿岸的山坡及岩壁上，生长极其缓慢。制作烟斗所采用的是其深入地表的根瘤。坚固耐用、木质细密、木纹漂亮、透气散热、阻燃力强，长期抚摸之后纹理会变得更加清晰，光彩耀眼……

石楠木

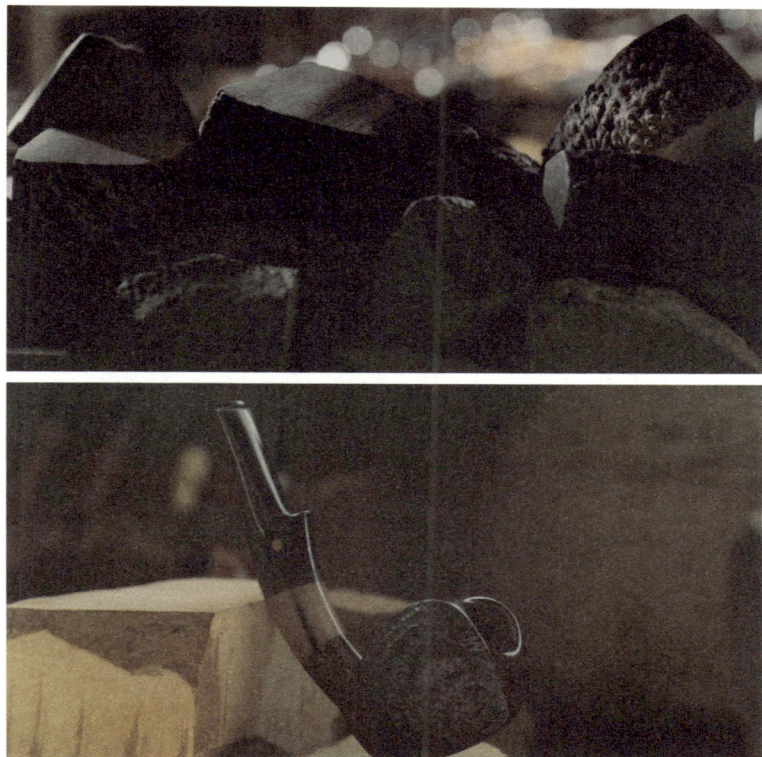

拿到手的石楠就要开始反复斟酌，手里的这块木料适合做什么样子的斗型呢？每一个烟斗都有自己独立的灵魂，这一步非常非常重要，前期设定样式时的准备工作可以决定一把烟斗成败的70%。

石楠根拿到以后，需首先经过清洗、检查裂纹和瑕疵等步骤。

然后切割成砖块一样的方形，在土里埋上3个月，拿出后再切割成胚，水煮一天一夜，再干燥半年，最后贮陈老熟若干年，这才能成为可以制作烟斗的坯料。

动手前，坯料还要用专用油烹煮12小时，以彻底去除任何可能存在的异味，最大限度保证吸烟质量。

接着就是切割，在木头上先起稿，修改，再进行切割。切开材料之后，开出烟道和榫头。

有时候也会打磨大型在先，根据制作习惯和斗型的特点来，没有绝对的定式。打磨这道工序，是磨性子的过程。从砂轮机到砂带，再到细细的砂纸，每一层打磨，都靠手感来判断分寸。一般而言，完成一个传统斗需要两三天时间，而要做一些较为复杂的自由斗，时间会更长一些。

　　烟斗中间的一条直线如同分水岭，线的一边是熊熊燃烧的火焰，另一边则是令人眼花缭乱的鸟眼，这道棱线在烟斗制作上被称为"十字纹"。雷州陈说，石楠木有直纹、鸟眼纹和火焰纹，依纹路设计斗型，顺势而为，方能体现自然和谐之美。

　　在装烟嘴、弯烟嘴这道工序上，同样延续了烟斗制作的独家定制性，不同的斗钵和烟道的组合，对每一款烟草的味道都能起到不同的作用，这也就倾注了更多匠人的思考和感动。

　　最后，经过染色、抛光等工序，烟斗才算正式完成。

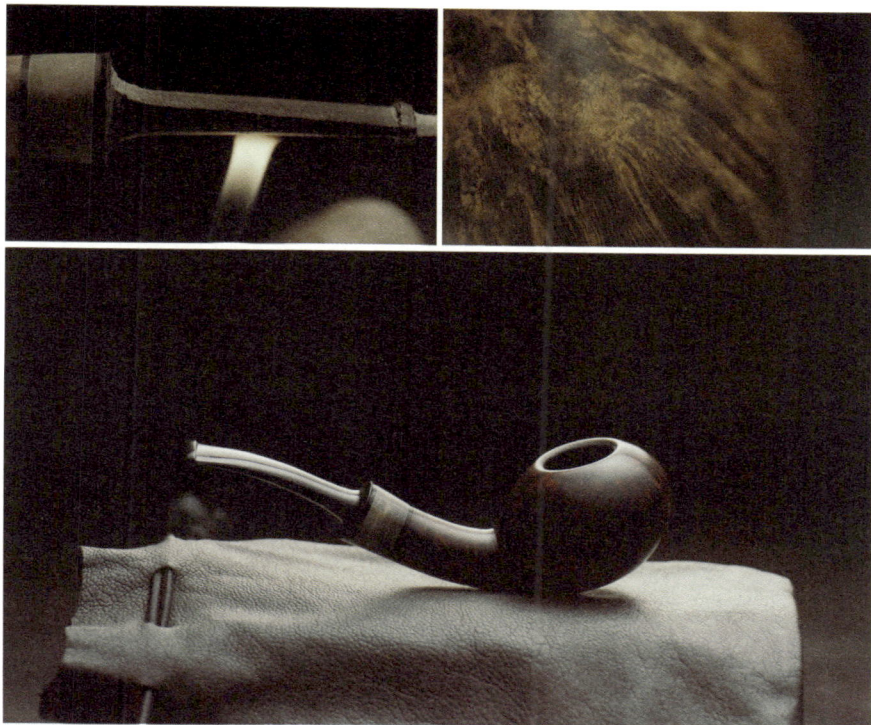

当然，一切都结束后，还有一道附加工序——用户体验。

烟斗好抽不好抽，才是评判作品成功与否的重点，样式做得再精美用心，入嘴抽得不爽，功夫都白费。

雷州陈认为，这只烟斗好抽还是不好抽，不能从烟斗的单方面来讲，当然这个也是非常重要的，制作过程中一点点的小失误都会导致不良后果，比如木料密度不均匀，木头没干透，杂质没处理等等小细节，都会造成千里之堤毁于蚁穴的后果。除了这些，评价烟斗好坏的标准，很多时候还跟抽烟斗这个人有很大关系，毕竟，一千个抽烟的人，就有一千种对烟斗的不同喜好。

烟斗的主人一定也要是懂得烟草和烟斗的人，并且抽烟斗讲究"独享"，抽烟当下的心态、情绪，甚至呼吸力度，都会影响抽烟斗的体验。

同样一斗烟，激动情绪下和平静心态下抽起来，感觉完全不一样。

能做出一只烟斗的技术并不难掌握，但高手的境界在于对木料的解读、对结构的细微调整以及对自我风格的表达。最终，成败还取决于匠人个人的修养和趣味。

倾注了斗师大量热情与灵感量身定做的手工烟斗，当然也就赋

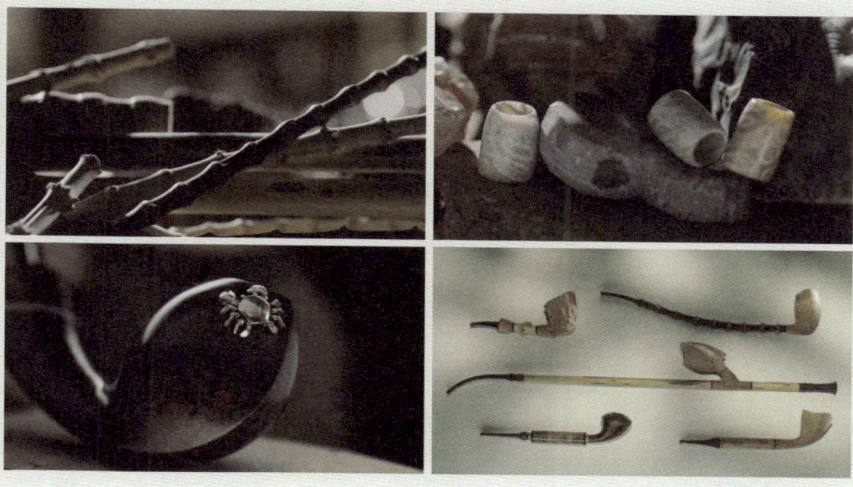

　　予了灵性和个性，显得与众不同。所谓独具匠心，或许就是这样吧。

　　竹子、玉、漆、银……这些有着中国味道的材料，陈灿聪都会尝试跟烟斗结合起来，不是为了所谓"中国斗"的名号，而是希望自己可以思考在大中华的文化背景中，如何才能找到最适合的表达符号。

采访侧记

在雷州的拍摄全程是非常愉快的，这个在杀青前的吃饭合影中可以看得出来——大家全都毫无顾忌地咧嘴大笑。这个题材在匠人系列的拍摄中非常特别，一是因为烟斗本身属于完全的舶来品；二是雷州这个地方，对我们来说是陌生而好奇的。它似乎跟很多危险的传言相关，也有着偏安一隅、自成一派的性格。它出名难懂的方言，也是一道高高的门槛，阻碍着我们外来人融入这个太过独特的世界。

从长沙飞湛江，距离雷州还有一个小时的车程。湛江是一个没什么惊喜的城市，跟其他同规模的国内城市一样面目无趣又模糊。好在我们的拍摄对象——雷州陈的态度打消了我们的很多顾虑，他爽朗大方，不藏私。他对自己为什么会从事这项手工，为什么一定要带上自己的地域

作为标志，怎么一步步走到今天的等问题，知无不言。第一次访谈在岭南师范学院的办公室里，我们很快加入了抽斗的笨拙尝试中。虽然之前阅读了很多资源，对抽斗的门道能说出一二，但是真到了实操，完全是另一回事儿。这大概是我们第一次切身体会到所谓"抽斗要的是一种心境"这个道理。烟斗需要良好的节奏，呼吸的均匀，太急躁或者太迟钝，都不能持续地抽完。果真是资深烟民们比较容易上道，眼见得导演和摄影指导老师已经进入优雅的抽斗境界，我还是一手火机一手烟斗，忙得不能兼顾。

在我心里一直有一个顾虑，就是关于"雷州烟斗部落"的事情，毕竟是他之前辛苦经营并以此扬名的品牌，但现在已经跟他无关，这总让人猜想会有一些不便说明的故事。但访谈里面雷州陈很坦然地面对了这一点。做一名手艺人和做一名生意人的选择，雷州陈选择得很坦荡。他不愿意把兴趣变成一个束缚自己的任务，不愿意把自己变成一个疲于接活儿、不断重复的人，更不愿意将制作和拥有烟斗这件事情，变成一种纯粹的买卖关系。

雷州陈和他的客户，关系十分有趣。他可以如数家珍地说起其中很多人跟他的交往故事。在他眼里，结交一个朋友，比做成一桩买卖让他

愉悦多了。因为烟斗是个人化的物品，要贴合使用者的习惯、喜好、身份、性格……所以每一次制作之前，都是一次交心的过程。他的客户也因此对他十分信任，甚至有人提出包下他几年内的作品，只为了让他专注于创作。爱好自由的雷州陈自然拒绝了这个提议，但是也能由此看出他们之间关系的深厚。

雷州人一度被传说具有某种"野蛮"的特质，然而一旦近距离接触就会发现，他们身上的功利心淡薄，乐天知足，固守自己的生活方式，对于去大城市发展都兴趣不大。北上广太大，容易迷失，不如在本土吃熟悉又便宜的海鲜，自在逍遥。比起大城市里的营营役役，在广阔天地里野蛮生长，更会让外人心生羡慕。走在雷州的街上，我发现各种广告牌上"靠活"这个词的出现频率很高，问是什么意思，一帮人抢着回答我：就是雷州话的"快活"。他们对自己的方言如此热爱，在其他的小地方，这样的自豪感可是不多见。

　　当然也是因为故土情怀的深厚，忠诚如雷州陈，他为雷州硬生生加上了一个烟斗的特征，带领一群人做起了在这片土地上之前从未出现过的东西，还把这个名号带到全国各地乃至世界。他认识的人都十分自然地喊他雷州陈，就连他老婆也是如此，就好像这是一个浑然天成的代号。他跟一帮本地人玩儿"方言电影节"，玩儿"乡土手作节"，不求规模，求的是参与的人凝聚在一起，玩儿得出乎意料地纯粹和天真。这件事比烟斗本身更大，更有感染力。

　　在为期一周的拍摄中，雷州陈不但对于我们每天长达十几个小时的拍摄毫无怨言，而且带我们跑遍了他长大的村庄，介绍了邻村的村民、他工作的学校、曾经创办的画室，兴致勃勃地给我们推荐雷州的一草一木，以及路边摊的味道，完全"暴露"了自己对雷州的钟情。

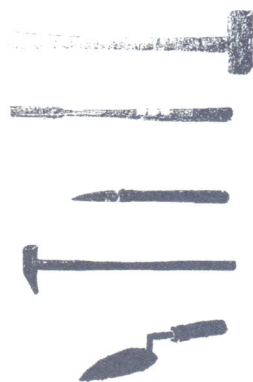

第十三章

"天目"
独行者

——"天目盏"匠人江有庭

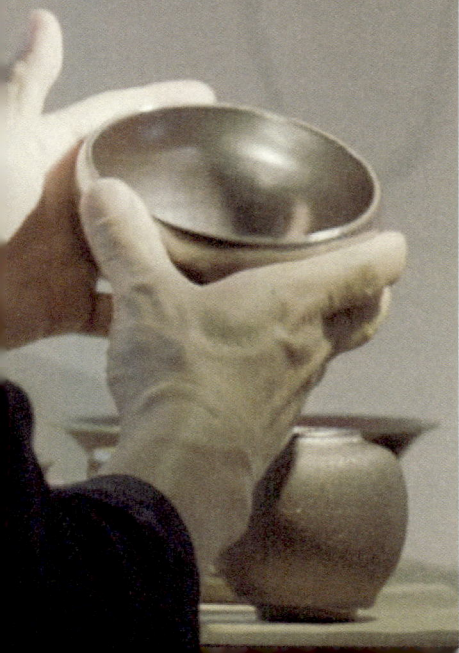

"天目盏"是一种茶器，古时候一只顶级的"天目盏"可以换一座城池，这足可见它的珍贵。是什么样的才华，可以把5块钱的陶土烧制成价值翻了1万多倍的茶碗？又是什么样的功夫可以让它穿越唐宋，突破"天目盏"千年黑褐的单一色，烧制出璀璨的碗底星空？

江有庭，1958 年出生于中国台湾嘉义，1983 年开始作陶，1984
年专攻"油滴天目"，1987 ～ 1989 年受聘于日本东京都担任陶艺教师，
其间游历日本各地窑烧，拜访著名陶艺家，1995 年烧制出彩色"天目"，
并命名为"藏色天目"。

258

回归自然的茶道美学

　　南宋诗人杨万里曾在《以六一泉煮双井茶》中写道："鹰爪新茶蟹眼汤，松风鸣雪兔毫霜。细参六一泉中味，故有涪翁句子香。"同类的诗句还有："鹧斑碗面云萦字，兔褐瓯心雪作泓。不待清风生两腋，清风先向舌端生。"这字里行间所描绘的饮茶之器，便是"天目盏"。

　　提及"天目盏"，饮茶文化便不得不提。北宋年间的饮茶方式基本上沿袭了唐代的习惯，当时的点茶法较之现在稍显繁复，需要用碾子碾细茶叶，经过筛滤过后，再放在茶盏中用沸水注入。唐宋年间茶器多以盏为主，所以当时南北各大名窑都会制作茶盏。再加

上文人雅士将饮茶、斗茶作为一种趣事，茶器便渐渐受到了社会各阶层的重视。

若要和茶契合如一，茶盏的釉色则必须偏深，尤以深黑色最能体现茶之美韵。由此，当时各大名窑都会烧制黑釉瓷器，以应市场之需，其中以福建建阳水吉镇窑、江西吉州窑、河南鹤壁窑、河北定窑、山西临汾窑、陕西耀州窑等名窑为主。

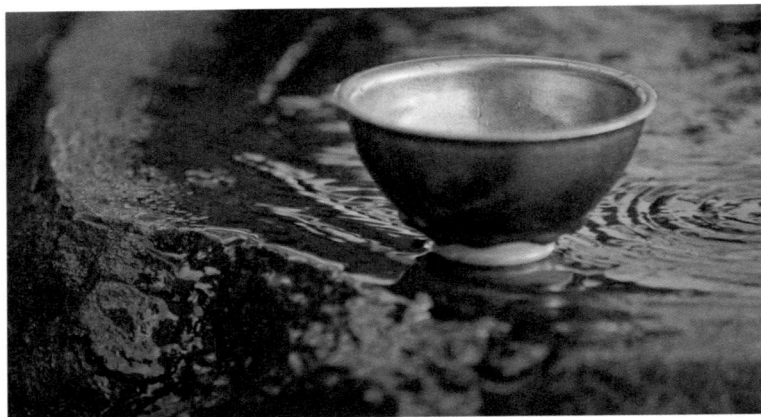

黑釉以氧化铁为主要着色剂，在烧制过程中，气泡将铁带至釉面，窑温度下降的瞬间会释放出赤铁矿结晶，铁、钴、镍等金属同时呈现氧化还原的色泽，产生紫、蓝、黄等不同色泽，并放射出闪烁的金属光泽。

中国陶瓷在唐宋尚无细致彩绘，皆是自然窑烧釉，使用含铁、铜两种金属为主的土石原料，尤其铁是最为普遍，容易取得，因而发展窑烧出青磁（釉中含铁约1%）与黑釉（釉中含铁约8%），且遍布全国各地皆有烧制，其中含铁的黑釉在福建建阳烧出难度较高、变化较大、质感较美的黑釉及特定形制，因地名而得名"建盏"。

除了釉黑和釉色的变化，"建盏"之所以出名，还由于它胎底厚、保温效果好，更为适合斗茶，被文人雅士所喜好。斗茶的标准之一是看汤色，若色泽鲜白则为上品。而建窑所产的茶盏，底釉为黑色，尤能衬托茶色，且其兔毫、油滴和曜变等纹路，在冲入茶汤之后会随着水面和光线的变化而幻化出极为玄妙的景致，因而受到文人雅士的喜爱。

但由于饮茶文化的转变，"建盏"到南宋中叶至元代便逐渐没落了，饮散茶的习惯逐渐取代了程序繁多的末茶，而文人也将更多的生活情趣转向琴棋书画。

至于"建盏"，和"吉州窑玳皮盏"等黑釉茶盏一样，现都已列入"天目"的广义范围内了。而"天目"一词的起源现已难以考察。备受肯定的说法是，在南宋绍熙三年（1192 年）至元朝元统元年（1333 年）之间的 140 多年里，在临安天目山上寺院修行的日本僧人，归国时带走了在寺内学习到的茶道礼仪和黑釉茶盏的制作方法。由于不知茶盏其名，故以地名"天目"命名。在传至日本后，为当时各阶层人士所喜爱，并在研究烧制方式之余，还融入了禅学、艺术、哲学等理念，逐渐形成了往后日本备受推崇的茶道文化。而现在的日本人，已将所有黑釉或深色釉的瓷器泛称"天目"。

在台湾，有一位接受过完整美术教育及修养的艺术创作者。他从 1984 年开始，专心研究并创作"油滴天目"30 年。很快，他在茶艺界、美术界、陶艺界、收藏界，都以"藏色天目"享有盛名。他就是江有庭。

不思不创意，唯事无心烧

江有庭出身于一个务农家庭，家中有 10 个小孩儿，他排行最末。虽集家人宠爱于一身，但他从小就不爱读书，曾形容自己"差点儿被吊起来打"，功课一定要等到最后一刻才肯写。而对此他的解释是：

"不是爱玩，就是不动。那个不是我想做的事情，我就不做，非到最后一刻才做，这是基本个性。"

当时已是教师的哥哥为此伤透脑筋，直到江有庭照着毕业册画下一个女孩儿之后，哥哥才发现他在绘画上的天赋。江有庭回忆着说："很多人都说画得和照片一样，大哥认为我有画画天分。所以我在高中的时候，功课也不做，一天到晚画画。"

成天画画的江有庭，依旧不爱念书，后来考上第一志愿艺专美术科时，家人都喜出望外，江有庭也因此走上了艺术创作之路。但是，系统学习绘画时却觉得交作业的形式影响了喜欢画的心情，而且往往画完以后隔几天再看，又会觉得画得非常不好，和之前高中画画的感受有不小的落差。所以他说："自艺专毕业，画画也从我的生命中毕业了。"

艺专毕业后的几年中，江有庭当过两周的摄影助理，也做过一年的美术老师，可是他始终找不到属于自己的方向。于是毅然决定不再画画，去应征了"陶艺助理"。可就像命里安排的一样，完全不懂陶艺的江有庭竟然被录取了，于是开始在高雄一家陶艺教室工作。

虽说是份工作，但大体上只是打杂。小事繁多，工资也不高，上班时间却很长。但江有庭认为，相比需要找题材、创作的画画，陶艺远没有那么伤神。所以即便事情琐碎，他仍觉得不必一直动脑筋的陶艺能够让自己专心，是一项"做得下去的工作"。

而也就是这个处理杂事的助理，在陶艺教室工作 3 个月后便升为陶艺老师。当旁人都称赞其天赋时，江有庭却说："这不是天赋。某些事情就是一个人的敏感度以及观察力，不是属于个人才华的表现，只是知道事情怎样做。"

虽接下了教授陶艺制作的重任，但江有庭渐渐觉得在陶艺教室里是无法深入精进陶艺技术的。所以在半年之后，他北上台北，巧逢残障基金会在招聘陶艺教师，他便自荐接下了这个工作，一边教授残障朋友做瓷器，一边在自己的铁皮屋里构建工作室。

之前在陶艺教室烧瓷都是依照配方，但配方里的釉药到底是怎么一回事，他却只知其表不知其里。所以在残障基金会教课的同时他会回到母校，跟随吴毓棠老师系统地学习釉药。而也就是在釉药课上，江有庭有生以来第一次听到"油滴天目"时，竟然开始全身发麻，一直麻到头顶，仿佛那四个字唤醒了他关于前世的记忆。此后，他便按照吴毓棠老师提供的配方，并结合源自宋朝的"油滴天目"的窑烧技法，顺利烧出了油滴纹路。

习得釉药的详细处理方式后，他又随一位叫李保通的老师学习了拉坯技法，拜师和学习过程非常有趣。李师傅在此之前从未教过学生或收过徒弟，但还是被江有庭的执着感动，愿意想想办法。于是李师傅和江有庭约定，每周四的晚上 7 点在小北街公交车站等他，江有庭再将他接到自己的工作室，上一堂拉坯课，从认图等最基本的东西学起。当时不管天气，无论闲忙，拉坯的学习从未中断过，从小物件到大水缸，江有庭都学了一遍。

当时，江有庭并不清楚"天目盏"在中国陶瓷中的重要地位，更不知道"天目盏"早在日本就已被视为珍宝。直到一位日本高中校长到台湾旅游，发现了江有庭委托艺品店代售的作品，大为惊艳，马上聘请江有庭到日本教授"天目窑烧"。

　　江有庭答应出行的目的，是希望对日本的窑烧有全盘认识与了解。所以他在日本时都会利用课余时间，到当地各大窑场探访、学习，并拜访了日本众多陶艺家学习烧制经验。两年多之后，他成了一位备受日本人尊敬的外国教师，几乎所有窑厂的主人都是倾囊相授。

　　可当时江有庭为了一次难得的烧窑过程，提前与学校解了约。而当要离开最后一站参观地时，满天都是群飞的乌鸦，仿佛都在对他说："该回台湾了！"

　　因为烧"天目"不能用电窑烧，必须得用瓦斯窑，同时考虑到自己一年都不会中断烧窑，在人群密集的地方避免不了邻居抗议，所以势必要找没有人的地方才行。因此在回到台北后，江有庭便四处寻找适合盖窑的土地。直到和朋友游览至圆山，发现山景怡人，地价便宜，于是他决定将工作室安在那里。

　　在圆山村这个小村落中，由于其本身散发而出的灵气，让无数艺术创作者自然而然地齐聚在这里。在小径上散步，别处没有的儒雅尽收眼前，让人通透地呼吸着山间的清新空气。

而最初山上是看不到现在的海景的，全部被树挡住了。于是，江有庭修整了工作室周边的树，山景相映的海景就都出来了。朋友上来看到以后吃惊地说，以前都不知道还有这样的景色。江有庭则觉得如果一开始这个地方就被人发现了，那可能就轮不到自己来这里建工作室了，这都是老天安排。如今的圆山窑，前有茂密树林，后有犹如五行般的大屯山。江有庭便藏身于这个不食人间烟火的村落。

在日本的时候，江有庭看到很多家庭都会在门前种上一棵迎客松，街道上也是满满的参天的松树，每每看到它们就会感觉很有能量。其中每一棵大小都差不多，但形状各有不同。种同一种树却能有不一样的形态，这十分吸引江有庭。

圆山的海拔和气温都适合松树的生长，所以在工作室安顿完毕后，江有庭在其周围种满了松树。他特别喜欢松树的一个特性，那就是不管人怎样修怎样剪，松树过一两年都会自然成形，不会有不自然感。它们还可以很好地在没有人打理的情况下自然生长。而在打理它的时候，它会依照人的属性和个性，出现不一样的形状和不一样的生长曲线，任何人种松树种出来的形状都可能会不同，这是其他树所没有的特性。

江有庭将所有心力倾注于"天目窑烧"，在不断地尝试、坚持与无数次失败之后，他在1995年的一次突如其来的"窑变"之后，开启了"天目窑烧"彩色的世界

在不同的修剪之下，生长出不一样的松，又带来不一样的感受。它吸引人进入一个专心安静的状态，帮助人提升敏感度，继而提升观察力，最终让人有了定力。而这与远离尘俗，专心于"天目"的江有庭本人相得益彰。

穿越千年的"藏色天目"之美

我国历代的瓷器中釉色变化丰富的，莫过于"建盏"。这种釉色皆以铁为主要呈色剂，在胎土的影响、窑炉气氛的变化，窑温的差异，釉浆的未能完全定性、定量的标准化之下，表现于"建盏"成器上的釉色中，细腻丰富而缤纷璀璨。

烧制"天目盏"因为其釉药黏性强、敏感度高，必须配合烧制的窑压、气温、火候等，各方都需要精准掌控最佳时机，才能烧出质感绝佳的"天目盏"。正因为制作的高难度和高考究，作为中国三大名釉的"天目盏"，一直被陶艺界奉为难度最大的技艺。

而作为台湾研究"天目"最为资深的艺术家之一，江有庭的"天目"制作最为精彩之处，是可以用同样的土与釉料烧制出决然不同、前所未有的颜色，仿佛将原本藏在土与釉中的色彩解放出来，因此他将其作品命名为"藏色天目"。

但很多人都不知道，"藏色天目"的发现是源自一次偶然。那是 1995 年的中秋节，江有庭的朋友们在工作室外的院子里烤肉，而他则自顾自地烧窑。突然间，他捧着三个小"天目碗"出来，几乎是大家见过的"天目碗"里最漂亮的，原本黑色、褐色的"天目烧"，杯缘处竟出现了一抹紫色，层次清晰，色彩润泽。而这种像命里安排的偶然，便是"藏色天目"的开端。

江有庭烧"天目"如同射箭，假设目标是一个靶，看得到的才能射得到。而那天的"射箭"本来瞄准某一个靶，结果歪掉了，射到旁边一个靶，结果这个靶是紫色的天目。回头追溯这个脉络，找到那个靶的时候，就会同时找到其他颜色出现的途径，射箭虽然脱靶了，但其实对象不只是一个靶，而是一个靶群，是一整个新的世界。从这里开始，不只是紫色，所有我们在这个世界上看得到的颜色，想得到的颜色，哪怕是印象派画中的颜色，包括中间色，包括金色、银色，都可以由江有庭"天目"的釉料烧出来。而这是古今中外所有烧陶、制陶的人，包括研究专家做梦都没想到的。

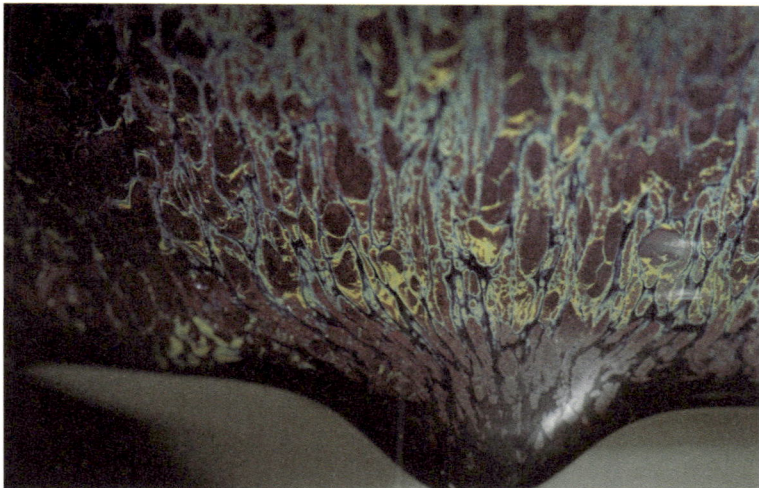

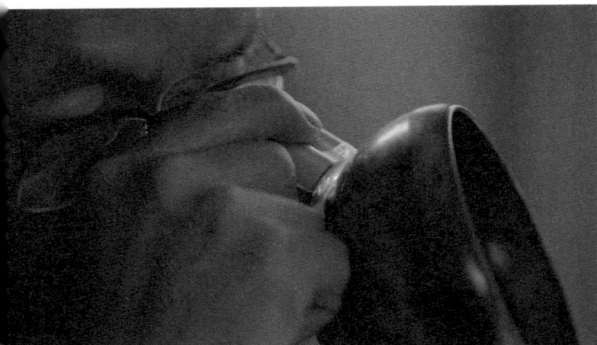

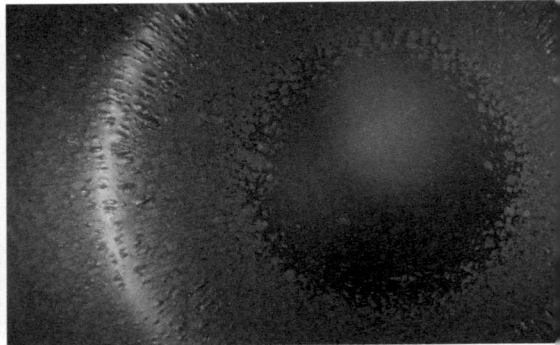

"所有我要做的事情都是既定的，动作都是简单的，它不是一种精工细作的东西，它讲究的是把简单的事情做到刚刚好。"

　　江有庭所用的釉药，20多年来就是那几桶，从未更改。而仅靠那几桶釉药就能烧出各式各样的色彩，全世界除他之外没有第二个。但对他来讲，烧的变化有10种，一种釉料就可以变化出不一样的10种结果，这是以前的烧釉色没有走上的路。一件作品只挂一个釉，在窑里面纯粹靠烧，产生的颜色、纹路、光泽的各种变化，就叫作"窑变"。但人们普遍认为"窑变"是不可控的，每个"窑变"都是孤品。江有庭却认为这是不成立的，你烧出来是意料之外，那再也烧不出来只有一个原因，就是你不知道怎么烧。世界上没有那种没有原因就会产生结果的东西，不能因为不知道原因，就说这个再也烧不出来了。

　　江有庭说："一般人会把它当作无法出现第二次的偶然'窑变'效果，但我会把它的原因找出来；当我可以烧制出来时，它就不是烧不出来的'窑变'了。"因此在找到紫色"窑变"的原因之后，他百般尝试，虽然也曾因为釉药的不稳定性屡屡失败，但最终除了紫色之外，红、黄、蓝、绿、金等缤纷色彩仍然陆续出现，在茶碗间自成一个浩瀚的宇宙。他说："烧窑失败是正常的，不会觉得挫败想放弃，知道是正常的事情就不会有问题！"

　　"藏色天目"便由此得名。江有庭觉得"藏色天目"并不是发明,而只是一个发现。一方面古代烧的"天目",中国称之为黑釉,黑就是一切的色彩在里面,照理说在古代就可以烧出来各种颜色的"天目",却到现在才被发现,藏了将近 1000 年的时间。另一方面,"藏色天目"的瓷质感必须在阳光下,才会看到颜色的溢出,就好像这个颜色藏在茶碗里面。而这也是"藏色天目"与更传统的"油滴天目"之间的分别。

　　江有庭在烧制"天目"时,承古而不泥古,创新却不失古之优雅。首先他的茶盏、茶钵在造型上面保留了宋瓷器形的古雅美学之道,比例极其完美。而在制作上为了使得胎釉紧致结合,达到细致的手感,他以调和泥制胎,成型全以轮制手工,坯体呈一致性,展现了他深厚的基本功。

　　江有庭把北宋、南宋在釉色呈现方面的工艺做到了淋漓尽致的地步,甚至超越了古人在此领域的成就,达到了一个新的至高境界。几乎我们能够想象到的颜色,红、橙、黄、绿、蓝、靛、紫,以及各种品类的金属光泽,在他的釉色上都可以找到。而这需要对陶艺、火候、釉色、化学、金属等方方面面所涉及的知识和实践,都有深入的思考。这是千万次的烧窑经验加上艺术家的思考,才能得出的精准表达。

"藏色天目"加入氧化铁，以单挂釉的方式，运用氧化、还原互动的火焰，在1320℃～1350℃烧出宝石般的颜色与光泽，其色泽与纹样会随着光线的强弱、照映的角度而变幻万千，犹如来自苍穹的耀动藏在茶碗世界中。"藏色天目"具有的美感，不具备任何意识或内容的传达，此般纯粹能给予人们冥想的力量，进而安定精神、沉淀思绪。

"藏色天目"不具有师法自然、抒情、寄情、巧工细工、内容创意、感性观念等创作因子，而是一项把简单的动作做到刚刚好的工作罢了。对一个能将简单的动作做到刚刚好的人来说，其实是在做一件容易做的事，自然也就是不苦的工作，是无关情绪、灵感，随时可以做的工作。由此，透过"藏色天目"，便能进入宇宙、人生、自己等三角关系的思维与领域。

常有朋友问江有庭何谓"唯事无心烧"，这并不是指没有用心烧，而是不用分别意识来工作，是依本能意识专心工作的意思。简单地说，"唯事无心烧"就是有感受而没有觉得的意思。

颇具禅意的江有庭，认为要把最简单的事情做到刚刚好，就是要诚心恭敬。因此观看江有庭拉坯，会发现他总是一副专注神情，只见他一气呵成的手劲，瞬间拉出每个口径不一的大小正圆，从容优雅的背后却是三十几年功夫的累积。正如他所说："陶工三十载，坯土不化装，釉色纯单挂，器形止于圆，不思不创意，唯事无心烧。"

莫听穿林打叶声，何妨吟啸且徐行

台湾的陶艺协会有一次组织到福建的建阳窑去看最早的"天目茶碗"烧窑的地方，在朋友的邀请下，江有庭参加了这次探访。

　　坐车快到建阳窑附近时，江有庭忽然有一些不可思议的感受，当时仿佛回到了在吴老师课堂上听到"油滴天目"的时候，又出现了一种像被电流贯穿全身一般，起了鸡皮疙瘩的感觉。而在以前去这种地方都没这种感受，但这一次却比第一次听到"天目"的名字时感觉更为强烈。江有庭在这里第一次感受到要哭出来是有声音的，眼泪唰唰地就掉下来了，那种情形是江有庭第一次的体验，自己会觉得很莫名其妙。

　　到了建阳窑，旁边的小村庄里每家每户都会有一些碎片，大家都在捡，看能不能凿出一些比较完整的东西。唯有江有庭一人在村庄里走着，产生了非常奇妙的感觉，好像他小时候就在这里长大，因为到外面念书而离开，毕业后再回到乡下的那种感受；仿佛自己就是属于这里的，只是离开了一段时间，这个感觉对他的触动巨大。

而世间的所有偶然都是种必然的安排，比如"天目盏"，比如家人。在江有庭结婚之前，烧陶的动力比较小，只要一个人吃饱，自己能够生存下去便足够了，无须花费这么多精力。结婚了，烧陶才好像完全变成了工作。对太太和两个女儿的疼爱，对更好生活的憧憬，是江有庭继续烧陶的动力之一。一旦要做便要做好，要在专心的烧陶中不断制造新的"天目"。

谈到双胞胎女儿，其实她们每一个成长阶段和江有庭的互动都是不一样的。之前没有小孩儿的时候不明白亲情之间那种奥妙的关系，有了女儿之后才会发现天下父母心是怎么回事，在人的世界这是很宝贵的，但也是很麻烦的。江有庭觉得既然她们因他而来，那他就要把该做的事情做好。

而当朋友问及他会不会收徒弟传承"天目碗"的技艺时，江有庭却觉得老天没有安排。双胞胎都是女儿，而他觉得女生要烧陶实在太辛苦了。大女儿不喜欢烧陶，小女儿从小就缠着他想学做陶；但考虑到做陶的入门是从从画图、拉坯开始，可能影响到骨骼的发育，所以他告诉女儿，高中毕业以后再考虑。本来他也希望过也许女生辛苦一点儿说不定也可以做出一些东西，说不定可以接他发明的"藏色天目"，但到小女儿高中的时候，他发现小女儿一个人的时候必须有音乐做伴不可，而这是会影响烧陶的习惯，所以干脆作罢了。

　　江有庭对家人的关爱虽不善表达，但细节之处仍照顾得无微不至。太太和女儿在生活中想到需要某个尺寸或某个形状的器物时，首先会问江有庭是否可以做给她们，刚开始他一定会拒绝，但是再和他说个两三次他也就做了。他还给女儿们在院子里做了秋千，双胞胎女儿当时和他讲的时候，他也是拒绝的；但之后他自己默默地进行这些事情，想办法解决秋千该怎么绑，请木工帮忙切木片，完成女儿想要的东西。

　　工作室里有一间很大的书房，是因为女儿看了电影《偷书贼》以后，对此感触非常大，然后他就参考电影里面的那一片书柜，做了一个类似的。

　　在江太太眼中，江有庭是个不常抱怨的丈夫。一般人觉得痛苦的东西，对他来说都是可以理解和包容的。而在二人之间，更多的相处方式就是"不要求"。从不会要求太太去做什么，尤其是一般老公觉得老婆该做的什么洗衣烧饭他都不会要求，而是很自由地让太太去做自己想做的事情。有时太太有空了就去帮他招呼客人，有时可能客人很多，而太太没有来帮忙，他也不会抱怨。

　　其实夫妻二人的个性是非常相似的，都很喜欢享受自己独处的时候，彼此很尊重，也给彼此很多空间和时间，不会腻在一起，也不会抱怨是不是相处少了。

　　江太太也从来不会在江有庭工作时去干扰他，尽量让他拥有自己的时间跟空间，因为他的作品需要在很专注的情况下去做，而且江有庭对作品有着完美主义的要求。拉坯的时候，家人在旁边晃一下或者跟他聊上两句，可能拉坯就会出现一点点歪。旁人可能看不出来，但他的敏感度很高，马上就能辨别出来，然后捏掉重做。

　　尤其当他在上釉的时候，过程中要掌控釉料的厚薄，而家人的出现极其容易让他分心，所以江太太都会很适度地看他在做什么。即便江有庭从未告诉家人"我必须自己独立地工作，不要打扰我"，可是家人都会很清楚他要的是什么。

享受离岛式人生

　　江有庭曾说，最爱的娱乐活动就是看着时间流逝。别人喜欢看书，他看不下去；别人喜欢听音乐，音乐对他来说却是杂音。以前他也奇怪为什么自己没有特别感兴趣的事情，烧窑开始的一二十天他忽然想到，要是喜欢听音乐的话，就没办法那么专注地听窑的声音，而事实上窑里面的声音只要听气氛就能知道里面的状态。烧窑的时间很长，中途人难免会走开，曾经有两三次，他在一二十米以外发现听不到半点儿窑声，而这是气烧光的征兆，于是他一路跑回去换气罐。这让他体会到了不听音乐的好处，就是说每个人来到这个世界该做什么，他的特质可能自然就会为了这个事情配合着。

不看书，不听音乐，直面孤独，只为了培养细致与专注，以及更强的定力

　　而不喜欢看书的江有庭，有本最重要也是唯一反复翻阅的书，就是《六祖坛经》。在看这本书前，他从来没有系统地考虑过人生是什么，很用功地看了一两周，他发现书里讲的道理甚至会出现在梦里，白天串联不起来的道理脉络，晚上自然会串联起来。

　　于是江有庭对人生有了新的认识："你会觉得你不会只是这一辈子的存在，而是一生之前就有你的存在，走了之后还是会存在，那存在到底是什么呢？比方我们自己的身体就像车子一样，有上车的时候，也会有下车的时候，不管你怎样保养，怎样加强车的性能，终有一天车是会坏掉的。人要是说身体坏掉自己就不存在了，人生也没有什么意义了，所以《六祖坛经》里面说得很清楚，你本来的存在是你来到世界之前就已经有了。读到这里我才明白，原来人生就像念学校一样，你念这一所学校是有目的的，要是为了文凭，为了在学校建功立业，那跟你事实上是没有关系的。

　　"人生的意义不是'人死留名'，也不是说做多少作品在这世界上，跟你有关系的必须带走才算，这就是各人程度不一样。你的身体和你的程度，到底这两个东西是从哪里来，你会发现那部经典里面和你说得很清楚，那就是本来存在的自己，本来存在的自己就是说你本来就是一切，一切等于你。例如说你看到我的存在，不是说我归我，你归你，而是你看到的我等于你归你，所以你就是一切，一切，就是你。那个就是本来存在的你，本来存在的你能够变化一切，能够变成一切，也就是说你的状态是什么状态，会让你要什么或是不要什么，你要的东西在哪一个领域就变成哪一个领域的世界。也就是说你要的东西在人的世界，你能变成人，或者说你不要的东西在人的世界，那你也变成人，因为你跑不掉。"

　　对人生有了自己的理解后，江有庭对"独处"也有了自己的认识。他认为，事实上每一个人都是孤独的，只是大家都会依赖他人和其他事物；因此遇到必须和自己相处的时候，就往往相处不来了。

> "烧艺，它是能量转换出来的质感，但这个质感达到很纯粹的时候，它不能受干扰，所以我一个人工作。别人看我是孤独的，而我的孤独是回归本色的匠心。"

　　真正能忍受孤独的人，事实上心里没有孤独这件事，这才可以叫作孤独。要是孤独就是觉得孤独，就是觉得格格不入，这就不是真正的孤独，认识孤独就必须知道如何不孤独。自己能和自己相处就是孤独，因为你不需要别人解决你的孤独，那么你就不会孤独，那么寂寞对你来说本来就属于不存在的东西。在人的认知中，时间能够打破时间，空间才有路走。

　　因为享受和自己相处，江有庭对待朋友的态度也说得上"冷漠"。他和朋友相处的方式是不会自己主动去找朋友参加聚会，毕竟下山折腾到市区，大半天就过去了。因为更希望把时间好好用在烧"天目"上，江有庭推掉了很多别人的邀请，也"得罪"过很多朋友。但这样反而像"新陈代谢"一样，留下了那些真正的朋友。

　　朋友们并不会觉得江有庭的孤独是负面的，因为任何一个有成就的艺术家，都必须有个人的时间跟个人的空间，他才可能有精彩的作品出来；如果成天处在那种喧嚣的吃喝玩乐中，是不会有好作品的。而且在他们眼中，江有庭是无苦无乐的，没有乐，可是也不会苦，因此才能够保持平常心做事，江有庭就是这样过日子的。

同样，他待人接物中体现出的敦厚，在艺术界、收藏界、制陶界都是被人津津乐道的。烧窑普遍会让工作室显得比较脏乱，但江有庭的工作室和他的居住环境都是很美的，呈现出来的艺术作品自然也有就着美感。不仅如此，江有庭的亲切友善，让千里迢迢到圆山窑的人，都感觉到这是人生的一大享受。不只是这个环境，江老师夫妇待人的友好，他们发自心灵的美，让大家觉得来到江有庭的工作室就像来到天堂一样舒服。

虽然江有庭不是工作狂，但他也不会像常人那般渴望娱乐。现在的他觉得不做"天目"就是在浪费生命，所以会一直去做他喜欢做的事情。每天规律地生活，跟朋友天南地北地聊他的人生哲理，谈一些佛学上的东西，讲这些时的他才是最为鲜活的。

三十几年前，学美术的江有庭初出茅庐，他认为，自己的作品在身后不可能被世界级美术馆收藏，于是放弃了画画。从此他的生命好似被勾勒了另一条线，落到一个无边无际、深层未知的"天目窑烧"的世界中。眼前这位蓄着小平头、态度谦虚的男士，看似山中修道之人，实际上他是曾受邀到日本教授"天目窑烧"，并突破黑、褐两色，开发出缤纷色彩的江有庭。是何因缘，让他如此钟情于钻研"天目窑烧"，并开创了华夏陶艺的新风貌？他透着温和且坚定的眼神，淡然地说："来到这个世界上，大概就是要做这个'天目烧'，没有其他想做的事情、想要的东西。使命感，倒不敢这样认为，至少这个时间用在'天目烧'上，是必须走这么一遭的。"

第十四章

一个人的木勺世界

——木勺匠人黄强

在人与自然的关系上，西方对自然是一种征服的态度。他们拿到一块木头就开始想要做什么造型，拿什么工艺去做；而在东方美学里，人与自然是一种亲密的关系，设计理念中更多强调的是尊重自然，顺应自然天性。所以中国匠人的有些作品，乍一看造型很奇怪，可是又一点儿都不突兀，黄强的勺子，就是这样。

　　黄强，广东粤西人，毕业于上海师范大学美术学院，毕业后一直从事平面设计、摄影和独立艺术创作，2013 年夏天开始玩儿木头。通过一把把小小的勺子，黄强把木头变化出了不同的姿态和质感，木亦有灵，需要静下心来倾听自然的声音。

　　"勺子哥"原名黄强，很多人都叫他"强哥"，其中不乏年纪比他大的人。说到这个名字的来历，黄强说还有一段故事。他以前的同事和助理一直叫他"强哥"，后来接触的人多了，自然而然地他们就用"强哥"代替"黄强"来称呼他了。

　　三四年前，黄强的一个上海的同学在 QQ 上跟他聊天，说发现了一个神奇的字，黄强很好奇，问是什么字呢，同学就发了一个字过来，左边是一个弓，右边是一个哥，其实就是一个"彁"字。黄强于是从字典上查了查这个字，意思是"年轻的男人"，他觉得这个字很特别，很有设计感，感觉它就是为自己设计的。后来他就把微博、微信等的昵称从以前的"强哥"改成了"彁"。如今"彁"字已经被他注册成了商标，成为黄强木器的一个品牌名称。

中国人与生俱来的木头情感

人类好像天生离不开木头。例如，比起坚固的石头，我们更喜欢住在木头建造的房子里，虽然木头明明比石头更脆弱，还可能引起火灾。许多古建筑在摧毁中重建，重建后摧毁，可为什么我们还如此迷恋着高挑的木梁屋顶和亭台楼阁？再如，中国人的家里多多少少都会有一两件大型的木制家具，衣橱、书桌等等，虽然现代室内家装时常会觉得那些厚重的木制家具很难驾驭，但更多的人迷恋那股森林般的味道，钟爱木制风格。

如果想寻找木头与民族性的关系，那么这或许就是最好的解读。和生长在土地之上的树木一样，中国人作为农耕民族，一样对土地有着不可比拟的热爱与依赖。中国人天生爱木，因为它是我们当下的写照，亦是我们对人生的追求。每一颗心都要学会安于当下，才能有生长的姿态。

　　木头稳固的特征，如同家给予我们的安全感。木头的温润，像亲人一如既往的温暖。木头的倔强，是粗粝生长的我们的写照。

第一把勺子，开启黄强的木作生涯

　　黄强给人的第一印象是一个做派风雅之人，因为他的服饰总是那么一件黑色T恤，一副格外斯文的黑框眼镜。问起他之前的经历，他总是操着一口不是很标准的普通话侃侃而谈，称自己是个患了"木痴症"的手艺人。

　　黄强来自广东粤西的一个小村庄，毕业于上海师范大学美术学院，毕业后靠着自己所学的专业吃饭，成了一名时尚摄影师，这一干就干了十几年。在他从事摄影工作的这段时间里，摄影界经历了两个时代，一个是胶片的时代，一个就是数码时代。

"以前在胶片时代，其实对摄影师的要求是特别高的，你必须掌握很多理论知识，在操作的时候也必须很认真，如果哪个步骤出错了，可能你一天的活儿就都白干了。但是现在的摄影师其实蛮简单，不用掌握很多技术，甚至你只要掌握两个技能就可以了，一要会摁快门，二要会删除，就是按 Delete（删除）按钮。"

渐渐地，在摄影操作简易化的过程中，黄强觉得："现代人思考的时间越来越少，遇到问题或困难时候，可能第一个想到的就是电脑或者手机，我们可以直接从网上搜索怎么解决，只知道奉行'拿来主义'，但从来没有想过我们还有一双手。"

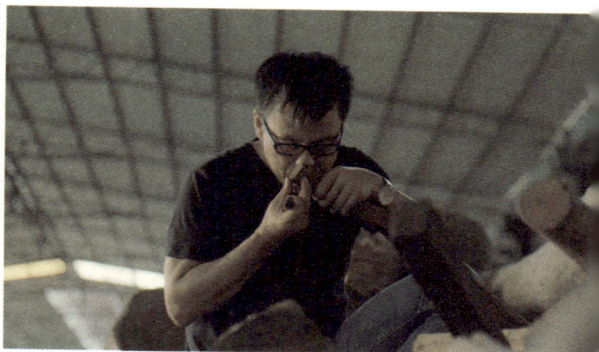

2013 年春节，黄强在老家过年，无聊时在微博上看到一个视频，讲国外一对年轻夫妇在野外山上捡一些废弃的木头，做成各种各样的勺子和小木器，他们把这些小玩意儿拍照发到网上分享，后来索性开起了网店，售卖他们的小木器。黄强既觉得好玩儿，又有些羡慕。他们做的事情正是他一直期望而并没有实现的愿景。于是，这位摄影师拿起了木头，做了他人生中第一把自制木勺。他从老家的房梁上拆下了一块老木头，拿嫂子的菜刀捣鼓起来。仅凭厨房的一把菜刀，劈砍刮磨，竟将一整块木头雕琢成一柄小木勺，而且还有模有样。

面对这柄处女作，黄强小心翼翼地在手中摩挲；他把木勺举过头顶，对着蓝天琢磨着勺子的曲线，顷刻悟透："我，就是为木

"以前我把相机当成我的生命，现在，虽然木头可能没有生命那么重要，但它起码是一把柴火，把我点着了。"

而生！"

一开始，黄强只是把玩木头当作一种爱好，他试着把作品分给身边的几个同事和朋友，没想到一下子便在朋友圈传开，瞬间火了起来。

朋友天天不断用微信轰炸他，以求得一柄爱勺。更有甚者，假借做客之名索性赖在黄强家里："我就在这儿等着，今天你不做一把勺子给我，我就不走了！"黄强无奈只得照办。但此刻在他心里，对于大家的认可倍感欣慰：原来简单的勺子也能让人对美好的事物心生向往。

自制木勺很火爆，但在那个时候黄强没有动过放弃摄影的念头。他觉得，做勺子就是单纯觉得好玩儿，虽然当时在摄影上面他碰到了瓶颈，生活得也很压抑。

迟迟未出现的第 100 把勺子

那时候黄强拥有一间摄影工作室，公司在巅峰时期有十几个员工。在别人看来，这已经算是事业小有所成了。但黄强内心觉得自己一点儿都不自由，他觉得当老板只是上班时间比较自由而已，思想是禁锢的，因为你要为别人服务。

黄强说的服务，一方面指的是服务自己的员工。每个月都得努力去拼，因为员工就像你鸟巢里的小鸟一样，你要去外面捕一些虫子回来，他才能满足你的需要，创作出你要的价值。另一方面因为自己做的行业，很多时候商业摄影师没办法去实现自己内心的想法，因为客户给了钱，你只有尽量去满足客户的需求。这对于喜欢自由

的黄强很痛苦，而做勺子的过程中黄强能得到放松，自然就成了一个释放自己的途径。

真正让黄强放弃摄影转而选择木勺的契机，来源于某次拜访客户后带给黄强的刺激。当时他和同事去拜访客户，黄强注意到这是一家小公司，公司外面甚至堆放着很多垃圾，谈好项目出来后，黄强发现这家公司在圈子里的口碑很不错，不少熟人都选择到这家公司来办理业务。这样小的一个品牌都能做出如此厉害的业绩，那自己肯定也可以！

到家之后，黄强开始为自己的以后做打算。他觉得自己可以不干摄影，但这意味着要马上转行。这时候他想起自己做的木工作品。刚做勺子的时候，黄强会把自己的作品发到网上，没想到很多人对自己的东西感兴趣，一下子就来了很多粉丝想买这些东西。这远远比以前发自己的摄影作品要更有影响力，而且做这些东西也能养活自己。说干就干，下定决心之后的黄强把自己的手机号码换掉，为自己重新安装一个系统，一个被黄强称为"木头"的内在系统。

在转行这个时间，黄强大概花了两年时间度过了这段充满着纠结的转型期。当时一些以前的老客户依旧找他做事，他也没有拒绝。但是人一心不能二用，又想拍照又想玩木头的黄强很痛苦。后来他觉得自己做木头很有收获，而且一个人玩木头比经营一个公司的时候收入还好一些。种种原因让黄强决定，要百分之百投入新生活当中。

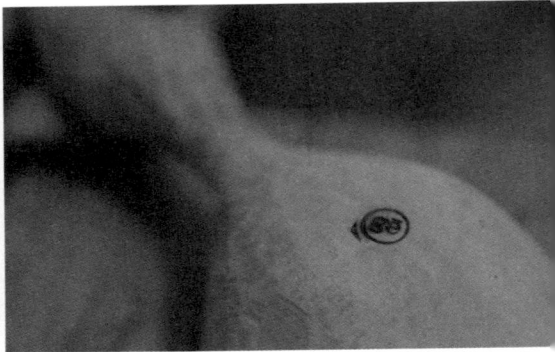

　　专注于这份兴趣，黄强其实从来没有直接拜过师或者上过什么木工课，最多也就是受过正规的美术教育，做过平面设计和专业摄影。黄强觉得："前者是磨炼，后者是天分，最重要的是心底的向往。"

　　只要是木头，在黄强眼里就是有灵性的。他常常这样问自己："勺子一定就要有勺子的样子吗？"何为勺？能舀水盛汤，此之谓勺也。想透了，也就明白了。

　　能为之所用，何拘泥于形！看着手中这把挖了一半的勺子，黄强观赏许久，突然觉得这就是一件浑然天成上乘的作品呀。"每块木头都有自己特有的灵魂，木器本来就藏在木头里，木工工作者只是把它解放出来。"

　　这样的设计理念让黄强从此树立起区别于其他制勺人的标志，他的所有作品都是因材施工。

一次，黄强在上海的一个朋友辗转找到了他，在求勺之余说自己偶然间发现了一个字，特别适合他。这个字便是"戨"，念 gē，寓意为"年轻的男人"。朋友说这个字好像天生就是为黄强而存在的，好像就是他的外号"强哥"的缩写。

黄强也觉得很有趣，也特别贴切，欣然接受。而此刻，他的勺子也正好缺个名，于是，"戨"这个专为木器而存在的品牌就这样诞生了。

2013 年，在木器手艺人行业里，黄强已小有名气。他不忘初心，为的就是把更多美好的勺子带给更多的人，于是他发起了"百勺计划"：用 100 把勺子，做一个展览；每一柄木勺都不一样，每一柄木勺都能让人们领略到别样的美。

到目前为止，黄强的"百勺计划"已经做到99个，对于最后一个，黄强一直在寻找自己一见钟情的、最喜欢的木头。他去了很多地方：海边、公园、山林，甚至木材市场，遗憾的是都没有找到那块最好的木头。黄强觉得，这个勺子可能永远都做不出来了，它只能在我的心里面，可能一直会在我的心里面。

黄强玩木头之后，朋友们都热衷于给他送木头。他们觉得那块木头放在自己的家里也没用，在黄强的手里则会被塑造出另外一种状态，所以纷纷把木头寄给他。通过这种方式，黄强也收集到不少不同地方的木头。云南的朋友送给他云南特有的树种，张家港的朋友会送给他一些进口的木材，还有一些专门从事相关行业的朋友则会送给他比较珍贵的品种，比如金丝楠、红木等等。

这其中最让黄强觉得意义深刻的一次馈赠，来自一个去美国自驾游的女孩儿，女孩儿在旅途中看到了很多漂流木，她收集起来最后寄给了黄强。

对于朋友赠送的这些木料，黄强有自己的规划。他不会用朋友送给他的木头做成勺子，而是会自己另选其他木料做成勺子回赠朋友，以此和朋友进行交流。

只要想做，每个人都能做一把勺子

黄强觉得，做一把勺子不需要任何技术，只要你喜欢，你就可以用你能想到的任何方式去做。至于有些人做得好而有些人做得不好，这其实跟个人的美学修养相关。大体上讲，女孩子设计出的勺子多很可爱，男孩子做成的勺子则朴素大方的多些，毕竟不同性格的人做出的勺子一定是不同的。

制作勺子说简单也很简单，说复杂也很复杂：

首先要找到合适的木料，这也是黄强最头疼的问题之一，平时去木材厂寻宝成了他生活中必不可少的事情。每次看到合适的木材，黄强都很激动，他把这种感觉形容为"一见钟情"。不过在木材市场上，"沟通感情"也是需要一定经济基础的，例如酸枝这样的材料，要价高达几十万元一吨，黄强也只能忍痛割爱。

除了在木材厂购买木材，黄强还热衷于去海边捡拾漂流木，一些没有经过人工开发的海湾上常会发现很多材质独特的漂流木，黄强把这些漂流木视为珍宝。

在这种日常积累原材料的过程当中，黄强其实是在与不同木料邂逅，他认定每块木头都有专属的特质，而他能做的，就只是把它

那种特点挖掘出来，变成自己想要的东西。

　　黄强也经常带着工具到山里去。有的人在山里面发现好木头，会一车拉回家，但是黄强到山里只是想找到自己喜欢的那块木头。他觉得这块木头是一直在等着自己去发现它，然后把它解救出来。它的生命经过自己的介入，会焕发出另外一种生命。也许这就是一种生命的延续。

　　有一次，黄强在深圳东部的一座山里发现一块木头的造型像鱼一样；这块木头长得有头有尾，有翅膀，就像一条飞鱼。他觉得这块木头好像就在地里面，放在那里一直在等着他，然后被他发现。捡到这块木头的时候他非常激动，回到工作室就把它洗干净，然后打磨一下，一把飞鱼形状的勺子就呈现在他的面前了。

　　找到合适的木料后，就要动手制作了。制作木勺需要先固定木头，然后开始挖凹陷的部分，这部分挖好以后，用锯子把木勺大致锯下来，再用斧头去削它的外形。削好外形以后，再用小刀去处理一些细节，

在山林里制作一把木勺是劳作的手艺，是磨炼心性的方式，是对自然秩序的致敬，更是专注一件事带来的内心的宁静

然后开始打磨。用最粗的砂纸打磨以后，然后再换细的砂纸。用细的砂纸打磨好了，最后再上油。把油涂好以后，就完成一把漂亮的勺子了。

很多时候，黄强会在山林中制作勺子，他很享受独处时的安静。有的朋友问他，一个人在外面会不会很孤独，但是黄强正是在享受这种孤独和安静的感觉。他觉得这片树林就是自己的世界，可以关掉手机，什么都不想。也可以在这里喝喝咖啡，在这里做房子，在这里睡个大觉，尽情享受独处的时光。

黄强说，在山里面做勺子不像在木工房里那么方便，它的难度相对来说会更大。首先就是你固定木头的时候，在木工房里会有一些工具用来固定，在户外去做勺子你不可能带那么多复杂的工具，它们很庞大、很重。黄强会想尽各种办法把木头固定住，树上的藤、绳子、铁钉，或者把木头固定到另外一块木头上面，然后再开挖，这样也挺好的。

为了图方便，黄强偶尔也会在城市里找个安静的地方制作木勺，他出门时习惯往包里放些木头和制作的工具。有次他去一间咖啡厅，闲着无聊便做起了勺子，咖啡厅服务生看到了有些介意，担心他弄脏了店里的环境，影响到其他顾客。但看到黄强制作好的木勺后，服务生觉得这个人很厉害，手艺很巧妙，干脆为黄强专门留出了一个既能制作木勺又不会影响其他人的位置，黄强也因此常常光顾这家咖啡厅，一来二去，就和服务生成了朋友。

还有一次，黄强去一个农村地区玩儿，闲时做起了勺子，很多小孩子觉得这个叔叔做的东西太好玩儿了，以前从没见过，于是大家都过来围观。黄强问孩子们："你们喜欢我做的勺子吗？"孩子们纷纷点头说喜欢，黄强接着逗他们："那你们家里有没有什么好吃的可以来跟我换呀？"孩子单纯可爱，听完黄强说话还真回家取来水果跟他交换木勺。

采访侧记

地理气候

7月下旬的深圳，很热很潮湿，伴随着海风，空气里都是湿润的水分子，因此从北京来的摄制组每次收工的时候都会跟统筹吐槽，真是受不了这种湿热的感觉。深圳的天空很蓝但是不透，可能是因为车太多的原因吧，但是空气比北京要好太多。

天气突变也是深圳的一个特色吧，或者说是整个沿海地区的特色。我们时不时会发现头顶上有一朵积雨云被风吹过来，然后狂风暴雨一个小时，之后云走了，风也走了，太阳又会曝晒我们。在拍摄期间遇到过

一次这样的情况，让没有准备任何遮雨设备的摄制组，顶着两块泡沫板躲雨。

深圳的夏天通常是多变的，可能晚上在你睡觉的时候下了一场暴雨，白天又是阳光曝晒。积累了一天的乌烟瘴气就会在暴雨之后消失不见。

要去深圳玩儿的话，还是趁早，不建议 8 月份出发，那时候多台风，恐怕每天只能待在酒店欣赏楼下树枝被吹得东倒西歪的情景了。

摄制组的日常

拍摄结束之后，强哥在朋友圈说："这个夏天和一群有趣的人做了一件有趣的事情。"我给这句话点了个赞，在深圳拍摄期间，摄制组的各位"大大"可谓是上山下海，无所不能。

上山拍摄也是非常苦命的事情，没有索道，没有缆车，机器设备全靠人力扛，说靠着毅力扛上去的绝对不夸张。摄影老师为了一个"上帝视角"的拍摄，毫不犹豫地扛着价值几万块钱的机器就上树，也为了"地下视角"趴在草丛无畏蚊虫。

在山上还偶遇一场雷阵雨，两块米菠萝（反光板）和一卷垃圾袋拯救了整个摄制组的设备器材。

也有为了拍到黄昏日落的瞬间，器材和道具组的小哥要提前一个上午开始布置，从一公里外的地方徒手把几十斤的架子搬到悬崖下，并在乱石滩上摆好。

仅仅是日落肯定不能满足大家的欲望，摆好架子之后，趁着太阳最大、阳光最足的时候抢拍一些镜头。比如一个让勺子飞起来的镜头，就要动用两张 1.8 米长的床单和 8 名真汉子，结果用力过猛，把一堆勺子甩到十几米外的乱石上，摔坏了好几把勺子。硬着头皮就上的强哥，经过多次重复才拍到满意的效果。

这一个中午，摄制组的各位顶着大太阳，个个都晒成了鱿鱼干。

制片人每次在拍摄的时候都会说，无论刮风、下雨、曝晒，还是上山下海、蚊虫我都不怕，最怕的就是晒黑。果然每次拍摄的时候，道具小哥都会默默地奉上一瓶防晒液和防蚊液。多么和谐、有爱、专业的道具小哥呀。

"勺子哥"与勺子

第一眼见到他，你会莫名地被他的某种气场吸引。明明是一个普通话不标准的人，却总能给你一股亲切感。强哥人很棒，特别会照顾到整个摄制组，而且跟摄制组的每个人都有话聊，并且很投机，节目拍完之后也基本上跟我们大家都成了好朋友。到现在我们还时不时地会交流做勺子、做木匠的问题。

强哥说这不是什么特例，他跟每一个粉丝都会这样交流，大家都在网上认识，又在网上聊，网络是很神奇的东西，能把距离这么远的两个人拉得这么近。

他的每一把勺子都有故事，"第一把勺子"展览被偷，"飞鱼勺"是海边无意间捡到的浮木，这些故事恰恰构成了强哥做勺子的人生。强哥说，勺子能点燃自己，确实如此。

在拍摄采访的时候，起初我们在一家咖啡厅，强哥非常拘谨，表达起来也很乱，显得异常紧张。之后我们换到了工作室，摆上了他的勺子，这个时候他才放松起来，在接受我们导演采访的过程中非常轻松。"勺子在我就心安"，这并不是假话。

海边、森林里的拍摄也是，在做勺子的时候，强哥的眼神会异常坚定，透出一种光芒来。甚至在做第一把勺子的时候，做坏了，他非常气愤，神情一下就表现出来了，为我们的拍摄默默加了一场戏。几天的拍摄，着实很累，却很开心。临走时强哥还给大家送上了勺子。

回来之后，隔了几天的时间，强哥在自己的微信公众号上写了一篇文章，是关于这次拍摄的。看到那篇推送，小编默默地说了句：这是要抢我们的饭碗啊。

第十五章

上海滩的
百岁老裁缝

——旗袍工匠大师褚宏生

旗袍真是件难定义的衣裳，被不同的女子穿了，
竟可注入迥然不同的灵魂。

从民国美人的衣香鬓影，到纽约大都会的T台，
褚宏生，上海滩最后的旗袍裁缝，见过了悲欢和
繁华，风尚去又回，不变的是对手艺的历练。

97 岁老人褚宏生被誉为"最后的上海裁缝"，16 岁初学艺，做裁缝 82 年，缝制旗袍 5000 多件。影星胡蝶、宋氏三姐妹、青帮老大杜月笙、大将军粟裕、刘少奇夫人王光美，以及现代明星孟庭苇、巩俐、董洁……这些人都是褚宏生的"忠粉"。歌手孟庭苇称赞："他的旗袍像皮肤一样。"明明已是一代宗师，他却拒绝"旗袍大师"的称呼。他简单地说："我就是个做旗袍的。"

298

手工针脚里的花样年华

上海长乐路，旧称"蒲石路"，由东向西贯穿旧上海的法租界，自1843年上海开埠，至今170多年，这条路是沪上名媛士绅们演绎传奇的舞台，如今灯光消散，粉墨凋残，街巷闾里之中依旧有传奇在延续。

99岁的褚宏生生活在长乐路的一家养老院里，他衣着整洁，满头白发一丝不乱，言语已不甚爽利，双目炯炯，拇指、食指关节处晶莹发白，这是常年做手工留下的烙印。90岁以后，"活着的传奇""上海名媛背后的男人""上海最后一位裁缝"诸多赞誉纷纷向他涌来，褚宏生常常自嘲，他只不过活得长、干得久罢了，当不得那许多的夸赞。

褚宏生1918年生于苏州吴江，他是家中的独子，20世纪30年代的苏州，一般人家的少年，如无力进学堂读书，大多要学一门手艺。吴江的纺织印业驰名天下，风气承袭，吴江良家子弟多学习裁缝，在吴江"学裁缝"就是"学生意"的代名词。1933年，父母送褚宏生往上海"学生意"，拜在当时赫赫有名的朱顺兴裁缝店头号师傅朱汉章门下。彼时的上海，缝纫一行，分为"奉帮"与"本帮"，"奉帮"裁缝即是后世所谓的"红帮"裁缝。甲午战争以后，中国境内出现许多"洋行"，于是在中国经济比较发达的沿海城市，尤其是有"十里洋场"之称的上海，出现了一股穿西装热潮。"奉帮"裁缝及时把握这股潮流，专攻裁制西服，到1933年，经过几十年的发展，"奉帮"人才辈出，独领沪上风骚。"奉帮"裁缝多为浙江宁波奉化人，"本帮"裁缝则以上海周边太湖平原一代良家子弟居多，中式旗装多出于"本帮"裁缝之手。褚宏生的师傅朱汉章出身"本帮"，民国之前就已名满沪上，朱汉章颇有大师风范，不拘成法，中式服装的裁制手艺出神入化，对西式服装亦颇有心得，但朱汉章成名既早，又爱惜羽毛，最终未能跨越二者的鸿沟，开风气之先的使命注定得由他的小弟子褚宏生来完成。

中国传统的师徒关系类似父子，恩如父子，严厉则胜过父子。褚宏生艺成之后，才能理解师傅的苦心。整整3年，褚宏生都在做最基础的手工，眼睁睁地看着师兄弟们做起了缝纫，他心中颇为不服。3年后，朱汉章才允他出师。数十年后褚宏生回忆这段往事，却品出另外一番滋味：少年时的他性格活跃，待人接物又有一番绵软小巧的体贴劲儿，颇受客户欢迎，师傅看出他是块好料子，又怕他把"学生意"错当成"跑生意"——把待人接物的技巧当成了养家糊口的路子，所以才用3年时间磨炼褚宏生的性子。

曾为影后胡蝶做旗袍

初出茅庐的褚宏生出手不凡，用法国进口蕾丝为影后胡蝶打造了一件白色蕾丝旗袍。20世纪30年代的胡蝶，艳压群芳，风头一时无两，当她穿着蕾丝旗袍出现在人们面前时，有人感慨："以胡蝶之艳光亦未能使旗袍失色。"

今天的人们很难想象蕾丝旗袍在彼时的上海服装界引起的震动。中国传统的服装将暴露女子的曲线视为不可触碰的禁忌,旧式旗装,胸、肩、腰、臀完全平直,将东方女性的魅力隐藏在一根根直线条之下,张爱玲回忆老式旗袍时,用了"严冷方正"四个字,足见旧式旗装只是纹饰华丽,直上直下的布筒子。沪上的"本帮"裁缝对旧式旗装大加革新,加入西式裁剪的手法,将刻板生硬的直线变成贴体的曲线。但是,在褚宏生之前,从未有人尝试过用进口蕾丝制作旗袍,蕾丝材质有大量的镂空之处,何处"空",何处"实",是蕾丝旗袍最难把握地方,在传统工艺中也没有范本,褚宏生靠天赋和 3 年磨炼的基本功,打造出一件中西合璧的经典旗袍。

蕾丝旗袍是褚宏生匠人生涯的一个转折,他因此结识了胡蝶女士,第一次真正感受到东方女性之美,这仅仅是开始。晚年的褚宏生常常回忆师傅朱汉章的话:"做裁缝就是伺候的功夫,先得把客人伺候好,然后还得把布料、针、剪刀伺候好,学了这一行就是一辈子的伺候命。"在外人看来,裁缝虽非"贱业",但也不是什么惊天动地的事业。数十年中,褚宏生为许多惊天动地的名女子、奇女子裁制旗袍,对"伺候"二字却有另外一番感悟,这番感悟来自他青年时期和几位名人的交往。

20 世纪 40 年代初,一辆黑色雪佛兰轿车将褚宏生接走,车子停在上海杜美路 70 号，房舍高门广第，奢华无比。进门后，他跟着仆人七绕八绕地进了主人的房间，看见一个中年人，穿着黑绸的开衫，身材有些瘦削，人长得有些严厉，但是说话时却很和气。量体完毕后，主人亲自安排茶饭。出门时，有人叮嘱褚宏生，给杜先生做衣服，务必要用心。杜先生即是沪上闻人杜月笙。

给褚宏生印象最深的女子，是出身于书香世家的记者陈香梅。褚宏生印象中的陈香梅，她气质大方，既具有大家闺秀的风范，又有现代女性的坚强和稳重，迥异于一般的名媛太太。陈香梅对旗袍的料子是最为讲究的，一定要选择伸缩性好、手感柔软的真丝料。日后，褚宏生还应陈香梅之邀，前往香港打理布料店，后来终因思乡心切，选择回到上海。但是对于陈香梅，他既有知遇之感，又有朋友之情。

1961 年，在曾是杜月笙旧宅的上海东湖宾馆里，褚宏生为粟裕量体裁衣。褚宏生回忆，这位"大官"一点儿架子都没有，主动和

匠人老去，匠心不死

他打招呼，言语温文，丝毫不见杀伐之气。事毕之后。粟裕还特意为褚宏生准备了一顿午饭，褚宏生至今还记得饭桌上一共有四五碟小菜，包括黄芽菜和红烧肉，以及又香又糯的白米饭。

在传统的中国，优秀的匠人拥有和名士一样的地位，20世纪30年代的沪上闻人大多保留着旧式的情感，褚宏生凭自己的手艺获得了一份尊重。在他看来，与其"伺候"客人，不如将客人当作自己的朋友，谨小慎微会影响匠人的敏感，会"坏"了手上的功夫。

没有人，比他更懂女人的身体

褚宏生的缝纫手艺，常常被仰慕他的人称之为"神技"，"神技"之神，不仅是制出的旗袍典雅秀丽、别具风情，而且是从量体开始，褚宏生就用手中的尺、针、刀展现出一种独特的美感。十指翻飞，恍如舞蹈，皮尺一揽一滑，毫不停滞，20余个部位，瞬息已经测量

完毕，裁剪之时，执刀如同握笔，缝制之时，施针如同操琴，褚宏生的神情专注而温和，如同宋画上的士人。

海派旗袍的制作工艺极为繁复，要想成为一个优秀的匠人，传统服饰制作手法"镶、嵌、滚、宕、盘、绘、绣、贴、钉"都要精熟。"镶"是镶边工艺，用两种不同颜色的边镶在旗袍的领子和衣摆上。"嵌"则是用一根细线，以不同的布料把它包裹起来，在布料夹缝之间镶嵌。"滚"是将布条斜裁好，能够增加衣服的牢固度，在衣服的袖口、里边最外一层加以点缀。"宕"与"滚"有内外之别，"滚"在最外面，"宕"在最里面。"盘"指盘扣的工艺，盘扣的"活性"为海派旗袍诸般工艺之最，褚宏生常说盘扣的技巧，"一法通，万法通"，种种式样，不在于师傅如何教授，而在于弟子自出机杼。"绘"是指在旗袍上绘制图案，海派旗袍用工笔居多，匠人在布料上作画，下笔之难胜过在纸张上作画，花鸟之传神又能不输于纸画。"绣"则是以绣针代替画笔，用细的绣线代替颜色，用不同的针法，上下穿刺布料，沪上"顾绣"与姑苏的"苏绣"齐名，海派旗袍若得顾绣相配，华美优雅则更上层楼。"贴"是用布料贴图案，贴了以后把周边用线缝住。"钉"是用一种光片料珠，把它制作成一节一节的、小小的，在旗袍上钉出纹样，在灯光的照射下，自然摇曳生姿。

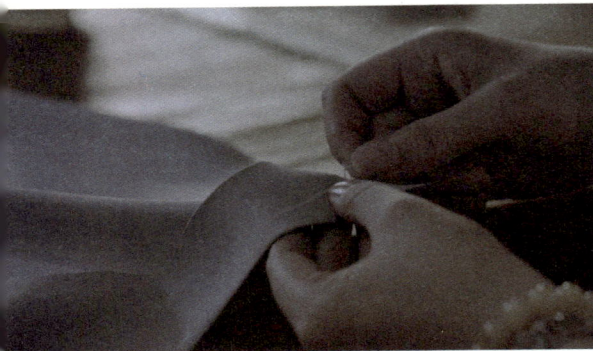

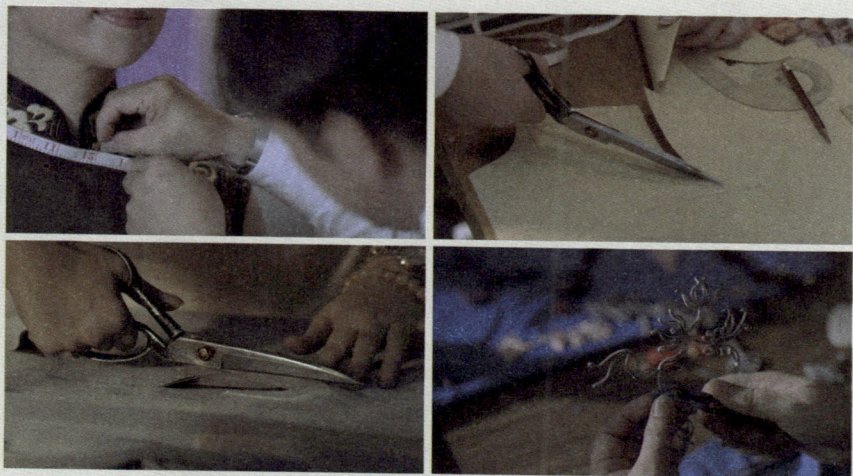

除了这传统手艺的九法，褚宏生这一代匠人，还大量学习吸收西式裙装的裁剪手法和工艺，大体上可分为量体、制版、裁剪、制扣四个步骤

　　这九个字是最精辟的总结，其中繁复之处，外人难以想象。仅仅是针法一项，常用的即有"回针""甩针""拱针""一字针""狗牙针"等十数种之多，没有 10 年以上的苦功，无法登堂入室。褚宏生自谦，所谓"神技"，只是做多了，手熟了。"无他，唯手熟耳"是那一代匠人常用的谦语，褚宏生 40 岁前学技，求的是手熟，40 岁后悟道，求的是心熟。心熟之后，技艺不再是刻板的工艺流程，冰冷的尺针、凌乱的线条、材质各异的面料，在褚宏生看来则是眼前女子流动着的气韵，是婀娜摇曳的身姿，是含蓄与性感之间微妙而隐秘的平衡。

坊间传言，王家卫拍《花样年华》，其中张曼玉所穿的艳光四射的旗袍就是出自褚宏生之手；实际情况则是，《花样年华》的剧组曾在瀚艺旗袍店拍摄了褚宏生制作的旗袍，以此为参考。褚宏生则觉得《花样年华》中的旗袍只算得是"戏装"，领子做得太高，美则美矣，穿着实在不舒服。真正的旗袍制作，第一步量体时，主要是在腰身上下功夫，根据体形的不同，匠人需测量 26 至 36 处人体部位，其中又以胸、腰以及后腰最细处的"浪腰"至为关键，在这三处，精确的尺寸反而失去作用，褚宏生总结了八个字："意在眼先，眼在手先。"匠人需要靠自身的经验而非精准的数据来弥补客人体形上的缺陷。与量体的要求不同，制版师傅的手法要求绝对精准，失之毫厘则谬以千里。在海派旗袍发轫之初，并无制版这一道工序，量体之后，靠匠人经验直接剪裁，尽管优秀的工匠们都能做到分毫不差，但是很多别具风格的旗袍板型却随着匠人的逝去而湮没无闻。海派之所以为海派，就在于不拘成法，如今，制版早就成为海派旗袍必不可少的一道工序，不仅留住了板型，也为师徒传承提供了最好的教具，旧社会的裁缝师傅带徒弟，真正手把手教的没有几个，褚宏生中年广收门徒，弟子中人才辈出，并非褚宏生精力过人，实在有赖这道制版的工序。裁剪则是最考验匠人的心性的工序，褚宏生常说，"死脑筋"做不了"活手艺"，"伺候"好针和剪刀，针和剪才能活起来，布料才能"活"起来，旗袍也才能纤秾合度，把穿着者的精气神衬托出来。

中国的匠人极少成为舞台的主角，他们在灯光之后，幕布之后，装扮着光怪陆离的舞台，看着粉墨登场的人们一阵阵喧闹，一场场别离。他们在历史的长河中载浮载沉，他们的宿命最终归复到手中的器物。然而也极少有匠人像褚宏生这样几经世事巨变，晚年尚能开花结果，将海派旗袍的命脉接续下去。

新中国成立后，"朱顺兴"等店面改为公私合营，经过改组成为"龙凤服饰店"。那个年代，中国人的集体审美受前苏联的影响极大，

旗袍逐渐淡出了人们的视野。其时，褚宏生是海派旗袍的标志性人物，常常有国内的显宦或国外友人请他制作旗袍，大部分旗袍师傅往往只能做一般的服饰来维持生计。市场没有了，海派旗袍的制作成了"屠龙之术"，肯认真学习的人凤毛麟角。褚宏生生性淡薄，安然地度过了这段岁月。20世纪80年代，他从"龙凤服饰店"退休，回苏州老家养老。当时，他一度以为旗袍匠人的生涯就此画上了句号，直到与周朱光结为忘年之交，晚年的褚宏生才与海派旗袍再续前缘。

周朱光是地地道道的上海人，少年时期，他就痴迷于老上海的点点滴滴，搜罗了大量的文字和图片资料。在老上海斑驳的光影中，穿旗袍的女人是一道独特的风景，你说不清是女人的柔美诠释了旗袍的韵致，还是旗袍的韵致成全了女人的风情。

上海历代名媛身着旗袍的风采让他充满了对老上海的幻想。张爱玲说："就是再没有心肝的女子说起她'去年那件织锦缎夹袍'的时候，也是一往情深的。"这句话对周朱光影响极大。20 世纪 90 年代，周朱光计划将海派旗袍高端定制的理念重新带回到上海滩，始终不得其门而入。周朱光知难不退，四处寻访名师，终于得以与褚宏生相识。周朱光如获至宝，褚宏生得遇知己，在两人努力下，海派旗袍重新散发出夺目的光辉。

在周朱光的瀚艺旗袍店里，大部分师傅都是褚宏生的弟子，褚宏生并没有老式的师徒授艺"留一手"的陋习，平生所学，悉数倾囊相授。然而令他颇感遗憾的是，如今已经没有人能像他那样完整地制作一件旗袍了，几位出色的弟子，有的擅长量体，有的擅长制版，有的擅长裁剪，有的擅长制扣，海派旗袍的制作工艺以这种精细分工的形式保留了下来，前辈匠人的积累精华，以分工的方式薪火相传，这是传统与现代的妥协。

周朱光常常劝褚宏生，时移世易，分工早是大势所趋，甚至只有分工才能完整地保存技术，一个行业中出现天才人物，总是需要时间和时机，只要技术保留下来，匠人的精神传承下来，总有一天会有人学会。令周朱光欣慰的是，已过耄耋之年的褚宏生丝毫不保守，当年那个气血方刚、敢于用蕾丝做旗袍的年轻人似乎从未被岁月消磨了锐气。一位旅居法国的中国姑娘，每次回上海都为自己定做一身旗袍。周朱光突发奇想，打算用与旗袍风马牛不相及的牛仔面料制作旗袍，跟师傅褚宏生商量后决定尝试一下，没想到效果出奇地好。姑娘身着牛仔旗袍，脚上穿一双回力球鞋，手上挎着名牌包，走在巴黎街头，竟成了一道独特的风景。

海派旗袍演绎上海传奇

　　海派旗袍诞生于创新，传承之道也在于创新，唯有创新，才会有源源不断的活力，注入这个已有百年荣光的行业中。今天的人看海派旗袍是传统服饰，而海派旗袍实则是百年前那一代匠人在西风东渐的熏陶下，博采众长的产物，除旧布新才是海派旗袍的生命。周朱光的夫人张琛也算是褚宏生的弟子，张琛志在创新，不断把一些从未用过的元素注入海派旗袍中来。在参加纽约大都会展览时，张琛设计的一件凤蝶旗袍吸引了很多人的目光，凤蝶旗袍的纹饰借用了中国皇家工艺凤冠的图案，使用了点翠的工艺。在张琛的理念中，"创新"与"复古"并不矛盾，把握住海派旗袍的神韵，运用之妙，只在一念之间。周朱光和张琛深知，中国人所要表达的中国和西方人理解的中国常常有巨大的差异，旗袍在很大程度上可以弥补中西方文化的鸿沟。褚宏生那一代匠人，充分学习了西方的技法和风格，如今，中国的审美价值可以通过一代人向西方传播，这是海派旗袍的使命。

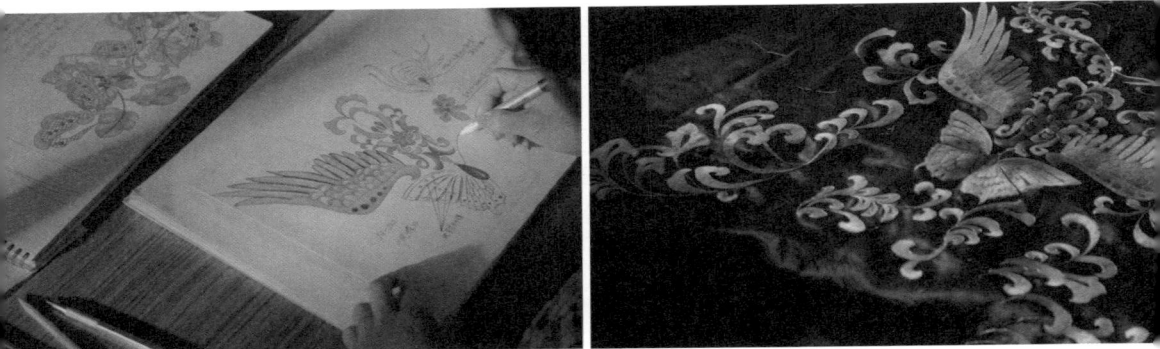

海派旗袍的传承之道在于创新，唯有创新，才会有源源不断的活力，注入这个已有百年荣光的行业中

在海派旗袍风生水起的今天，褚宏生、周朱光也有挥之不去的隐忧。

如今，人们日常穿着的衣服都已经工业化生产，裁缝这个行当也慢慢成为一个"精致的小众"，仅在高端定制服装这个比较小的商业形式中保留下来。

在褚宏生看来，旗袍的精髓在手工细密的针脚里，机器缝制出来的衣服硬邦邦的，体现不出女性柔美的气质。而这样的针脚，绝非一日之功。实际上，在瀚艺这样的知名旗袍店里，裁缝师傅中最年轻的也已年逾不惑，年长的则已到花甲。海派旗袍的特性注定这是个磨性子、耗工夫的行当，年轻人愿意学的实在不多。周朱光说，他在各种场合不厌其烦地给大家讲述褚宏生的故事，就是希望更多的年轻人知道这位传奇的匠人，希望更多的年轻人明白，艺术家首先得是个优秀的匠人，服装设计大师首先得是个优秀的裁缝。周朱光相信服饰是一个民族国民性最好的载体之一，100年前，海派旗袍第一次将东方女性轻灵曼妙的身姿展现给世人，此后，它的兴衰命运与中国女性的集体审美牢牢地联系到了一起，佳人逝去，匠人老去，

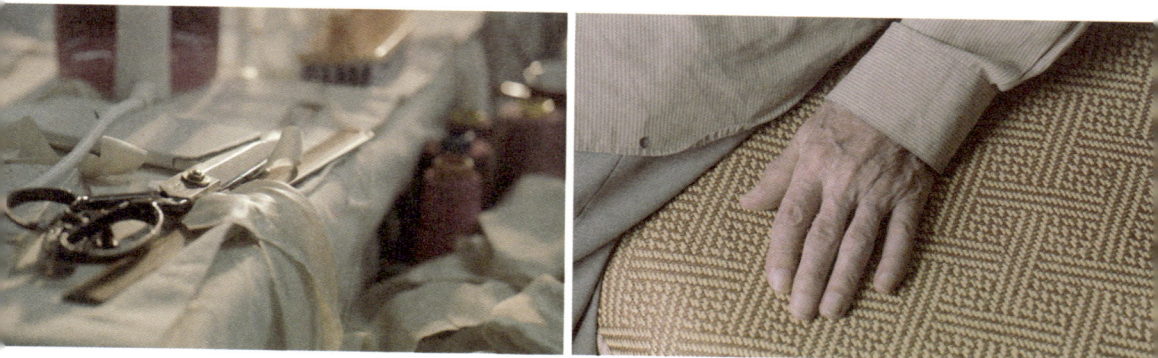

　　海派旗袍依然释放着光华夺目的活力，也许今天才是它最好的时代。

　　褚宏生的匠人生涯长达 80 年，如今他终于放下手中的尺和刀，在长乐路的养老院里颐养天年。每个周五，周朱光会带着他去上海和平饭店参加"旗袍之夜"的聚会，聚会上，褚宏生是真正的明星，在花团锦簇、素雅清丽的衣香鬓影之中，褚宏生想起了申江水暖、豫园花香的旧时光影。

　　褚宏生这一代优秀的匠人，身处于传统与现代的夹缝之中，对匠心的领悟，随着时代的巨轮滚滚而前。匠不止于匠，技不止于技，匠人是有内在生命情性的人。有想要表达的有美学选择的人，他们为内心的敏感所牵引，专注一事，而不及其他，唯精唯一，又不自困于一隅。褚宏生的生命已与旗袍之道融为一体，以技悟道，是传统中国名工大匠们共同的宿命，80 年，做一件事，褚宏生幸不辱命。

采访侧记

　　来过上海多次，每次都是走马观花，外滩、城隍庙等等凑个热闹，感受一下大都市的氛围。这次是来工作的，那些旅游景点也就只能路过了。

　　可以说这是我来上海最狼狈的一次，想象一下这个画面：同时推着两个摄影器材箱，背上背着个装了 7 天日常洗漱用具的行李背包和一个摄影三脚架，走出上海火车站排队等的士，宝宝苦呀……整整排了两个小时的队，终于坐上了去往酒店的的士。到酒店后东西一放，参与主创团队会议，开会中，主要对接了接下来的主要任务和拍摄事项。

　　主要拍摄点位于上海长宁区安西路的一个小胡同，虽然身处大城市，

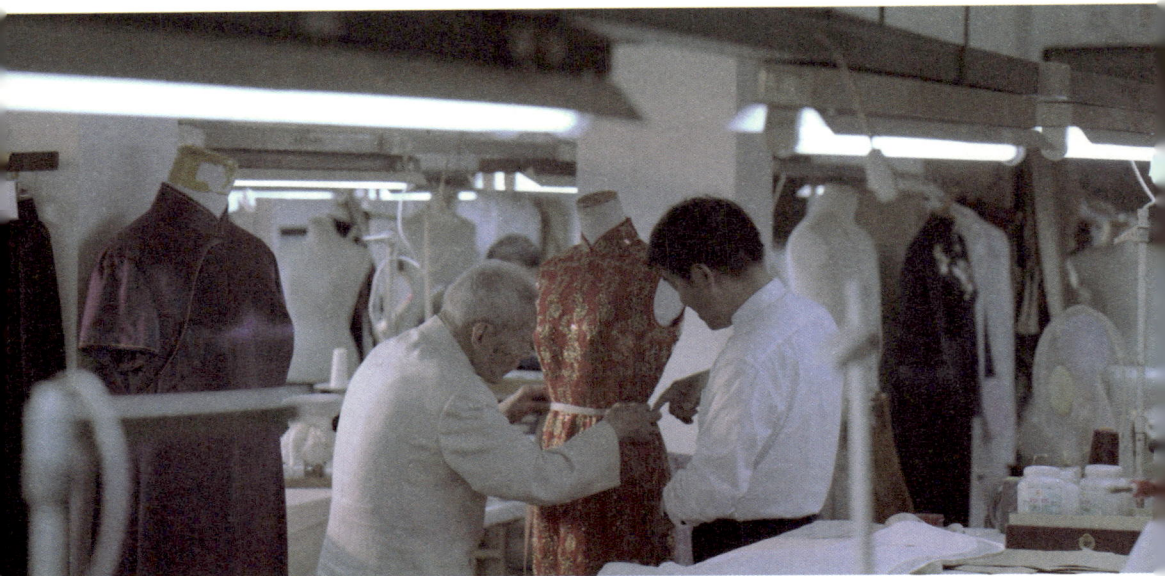

但是这条小胡同完全感受不到大上海的喧嚣，带给你更多的感觉是宁静与祥和。匠人褚宏生 80 岁时，正是旗袍风行之际，出于对旗袍的热爱与精明的商业判断，褚宏生和周朱光创办旗袍高级定制品牌，旗袍加工车间就在这条街上。周朱光出于对褚老的敬仰，既让他安享晚年，又能时刻照顾到他，特意将他安排在离车间不到 200 米的养老院生活，路过一道围墙，转弯即可到达车间。第一次看见褚老的印象尤为深刻，当时正是拍摄间隙，我在车间门外抽烟，这时，一个瘦瘦小小的老头慢慢地走进我的视线，对我微微一笑，那种祥和感，那种慈祥感，扑面而来。然后径直走向车间大门，我正要上去扶，只见老人家微微一抬手，微笑以示感谢。我在后面了解到，褚老只要身体状况允许，其实一有时间就会一个人到车间来，和几位车间的徒弟唠唠家常，关心一下徒弟们的生活和身体状况。

　　重要的时刻到了，要拍摄旗袍制作的步骤。考虑到剧本的需要，以及现有的旗袍车间灯光等诸多问题，我们不得不在上海找具有老上海感觉的场所。几经周折，我们终于找到了一家公馆，这里据说是不对外开放的，只有接待重要的客人时才会使用。经过我们的美术师一夜的场景调整以后，基本上找到了褚老当年做旗袍时的老裁缝店的感觉。镜头一拍出来，效果很理想。

　　最后不得不说说"旗袍之夜"，它是由褚老旗袍高级定制品牌与上海著名的地标性建筑和平饭店联合举办，目的是再现旗袍当年风靡上海时的盛况，为一群喜爱旗袍的人举办一个大派对。其中的爵士吧是典型的英国乡村式酒吧，以老年爵士乐队的演出而闻名。和平老年爵士乐队里的 6 位乐手平均年龄都在 75 岁以上，演出从 20 世纪 80 年代开始就一直成为和平饭店的保留节目。一进入和平饭店，《上海滩》的感觉就浮现眼前。浪奔浪流，虽然现在的和平饭店多少被现代的商业掩盖了一点儿往年的色彩，但是仍然能感受到当年老上海纸醉金迷的岁月。

图书在版编目（CIP）数据

了不起的匠人/知了青年，黄乔编著. — 长沙：湖南文艺出版社，2017.8
ISBN 978-7-5404-8161-2

Ⅰ.①了… Ⅱ.①知… ②黄… Ⅲ.①散文集—中国—当代 Ⅳ.①I267

中国版本图书馆CIP数据核字（2017）第147433号

上架建议：畅销·文化

LIAOBUQI DE JIANGREN
了不起的匠人

编　　著：知了青年　黄　乔
出 版 人：曾赛丰
责任编辑：薛　健　刘诗哲
监　　制：毛闽峰　赵　萌　李　娜
策划编辑：董　鑫
文案编辑：吕　晴
营销编辑：杨　帆　周怡文
封面设计：利　锐
版式设计：利　锐
出版发行：湖南文艺出版社
　　　　　（长沙市雨花区东二环一段508号　邮编：410014）
网　　址：www.hnwy.net
印　　刷：北京盛通印刷股份有限公司
经　　销：新华书店
开　　本：700mm × 1000mm　1/16
字　　数：311千字
印　　张：21
版　　次：2017年8月第1版
印　　次：2017年8月第1次印刷
书　　号：ISBN 978-7-5404-8161-2
定　　价：58.00元

质量监督电话：010-59096394
团购电话：010-59320018